100 ANS DU BUS est une réalisation des **Éditions LBM**
Direction : Pierre de Broissia
Responsable de l'ouvrage : Nicolas Jagora
Création graphique : Mikolaj, assisté de Souha Abdo
Secrétariat d'édition : Ophélie Wiel

Les éditions LBM tiennent à remercier chaleureusement :
Philippe Février pour avoir mis à notre dispostion sa fabuleuse collection de titres de transport ;
Hervé Debaus pour la qualité de ses illustrations ;
Alain Clavel pour son savoir encyclopédique ;
Philippe Beaussier, Bernard Villedieu et Thierry Assa,
responsables de l'AMTUIR qui nous ont fait partager leur passion ;
Antoine Dupin, tous les responsables et les personnels de la RATP
qui ont eu cet ouvrage à cœur.

La RATP
Département du Patrimoine de la RATP
Unité Mémoire et information documentaire
Direction de l'ouvrage : Antoine Dupin

Rédaction :
Antoine Dupin
Claude Berton
Dimitri Taté
Arnaud Passalacqua, DAT
Isabelle Chum, CML
Jean-Baptiste Suquet, DAT
Philippe Février
Jean-Baptiste Dupin, journaliste indépendant

Iconographie, photothèque RATP
Claude Carrau
Christiane Coquelard
Christelle Lottin

Illustrations :
Hervé Debaus

Nous tenons également à remercier tout ceux qui, à des titres divers nous ont permis de mener à bien ce travail
ou nous ont aidé dans la rédaction de cet ouvrage et plus particulièrement à la RATP :
Yo Kaminagaï, ETI
Dominique Lahousse, DAT
Lucie Merckens, MID
Didier Laurence, MID

Une mention toute particulière pour Alain Clavel.
Sa connaissance encyclopédique du matériel autobus a permis d'éviter bien des erreurs

Fonds d'archives RATP
Cote 1 R, réseau de surface, organisation générale

Toutes les images de ce livre proviennent de la médiathèque de la RATP, sauf autre mention.

Imprimé en UE
PREMIÈRE ÉDITION

15 rue du Colisée, 75008 Paris

Pour nous communiquer vos suggestions ou remarques
sur ce livre, utilisez notre adresse e-mail :
pab@little-big-man.com
ISBN : 2-915347-40-9

100 ANS DE BUS

PRÉFACE

PAR

PIERRE MONGIN
PRÉSIDENT-DIRECTEUR GÉNÉRAL DE LA RATP

L'introduction de l'omnibus automobile le 10 juin 1906 sur la ligne Saint-Germain-des-Prés – Montmartre représente pour les transports de surface une véritable révolution même si cela n'a pas été perçu ainsi à l'époque.

Par sa souplesse, sa fiabilité, son confort et surtout grâce à sa rapidité, ce nouveau mode de transport s'est imposé comme un outil essentiel pour la vie quotidienne des habitants d'une grande agglomération urbaine comme l'Île-de-France.

Cet ouvrage retrace l'histoire d'une évolution technique permanente conduite par les sociétés chargées de l'exploitation, successivement : la Compagnie générale des omnibus (CGO) jusqu'en 1921, la Société des transports en commun de la région parisienne (STCRP) jusqu'en 1942, la Compagnie du métropolitain de Paris (CMP) jusqu'en 1944, l'Administration provisoire jusqu'en 1948, puis la RATP à partir du 1er janvier 1949.

Depuis le Brillié-Schneider à impériale, version automobile d'un omnibus à chevaux, jusqu'au Citelis de nouvelle génération, l'innovation a toujours contribué à l'amélioration du service public et du confort des voyageurs.

L'histoire de l'autobus décrit également les relations entre d'une part, les collectivités territoriales (les Conseils généraux de la Seine et de la Seine-et-Oise, le Conseil municipal de Paris dans la structure ancienne, puis, dans les années 1960 et 1970 la Ville de Paris, les départements et la région Île-de-France) et, d'autre part, les sociétés exploitantes privées et publiques.

L'État assure depuis l'origine la tutelle de ce système de transports au travers de son actionnariat, de ses financements et des organismes de régulation qui se sont succédés jusqu'au Syndicat des transports parisiens (STP). Depuis la mise en place de la décentralisation, en 2006, c'est désormais le président du Conseil régional qui préside le STIF, autorité organisatrice des transports en Île-de-France, ce qui établit un partenariat nouveau pour la RATP.

PIERRE MONGIN
PRÉSIDENT-DIRECTEUR GÉNÉRAL
DE LA RATP

L'autobus s'est toujours trouvé au centre des grands choix en matière d'infrastructures de transports publics, en assurant bien sûr la desserte, « là où le métro et le RER ne vont pas », mais aussi en apportant une complémentarité à l'offre globale de transport.

Ce livre, c'est aussi l'histoire des hommes dont l'Histoire n'a pas toujours retenu le nom.

Ils sont bien présents ici, car depuis un siècle, les personnels des transports de surface ont été associés aux grandes heures de l'histoire de la capitale et de sa région. Jour après jour, dans les difficultés parfois, dans la réussite le plus souvent, ils ont contribué à façonner le visage de la RATP d'aujourd'hui.

Cette histoire, nous continuerons à l'écrire ensemble, pour le bien-être des Franciliennes et des Franciliens. ▪

PRÉFACE

PAR

JEAN-PAUL HUCHON
PRÉSIDENT DE LA RÉGION ÎLE-DE-FRANCE

J'entends souvent dire que les bus font partie du patrimoine des transports publics en Île-de-France. C'est vrai ! Nous avons tous en tête les images des anciens bus à plate-forme sillonnant les rues de Paris et de sa région. Ils ont largement contribué au maillage de notre région et ont participé à la plus grande utilisation des transports publics.

Aujourd'hui, tout un chacun ne jure que par les tramways, les trams-trains et autres nouveaux modes de déplacement modernes. Ce sont en effet des équipements formidables et nous avons raison, je crois, de les développer comme nous le faisons. Mais de là à enterrer les bus, il y a un pas !

Le bus constitue à plusieurs titres un excellent mode de transport. Tout d'abord, pour les opérateurs, il induit des coûts de réalisation parmi les moins chers, en coût direct d'exploitation mais aussi, et surtout, en investissement pour réaliser les infrastructures. Aussi, le bus présente cette particularité de pouvoir être rapidement mis en service. Enfin, le bus est un mode de déplacement extrêmement souple qui peut aisément s'adapter à l'évolution de la ville.

De plus, les bus ont changé, les usagers le savent. On peut même dire qu'ils ont subi une véritable révolution. Aujourd'hui, nous sommes très loin des véhicules d'antan, polluants, inconfortables et bruyants. À la demande des autorités organisatrices, dont le STIF, et des transporteurs, les constructeurs ont ainsi opéré des modifications en profondeur dans leur approche matérielle. Le standard désormais, c'est un bus propre, un bus climatisé, un bus accessible à tous. C'est cela le quotidien des voyageurs franciliens. Le standard, c'est la qualité supérieure.

La Région Île-de-France a largement impulsé cette dynamique et en finance une importante partie, tant sur le réseau RATP que sur le réseau Optile. Pourtant, beaucoup reste à faire.

Alors quel avenir maintenant pour les bus franciliens ?

Nous sommes dans une phase transitoire. La qualité de service est au rendez-vous sur bien des points et les défis sont déjà ailleurs. Demain, le bus sera encore plus intégré à son environnement, c'est-à-dire qu'il sera encore plus propre, avec l'utilisation accrue des énergies vertes, encore plus urbain, avec un design soigné et une accessibilité renforcée, encore plus moderne, avec une technologie embarquée performante et une information des voyageurs en temps réel.

Mais renforcer les bus en Île-de-France, cela passe aussi par une amplification importante des horaires, je pense en particulier aux week-ends ou aux soirées, par une labellisation régulière de notre qualité de service à l'image du Mobilien, par l'assurance de mettre à disposition du public des bus ponctuels grâce à des vitesses commerciales compétitives. Nous travaillons activement sur ces chantiers.

Comment aussi ne pas dire un mot du renforcement de l'offre de transport ? Au-delà de la qualité de service, les défis que nous allons relever – et que nous relevons déjà dans le cadre du STIF –, concernent en effet l'élargissement de l'offre bus en Île-de-France. Notre Région possède un maillage serré de bus mais nous devons aller encore plus loin en apportant un soutien plus particulier à la grande couronne. C'est pourquoi j'ai demandé que 50 % de l'enveloppe consacrée au renforcement de l'offre de transport lui soit réservée.

Les transports collectifs y sont encore parfois peu compétitifs, pas assez présents et, nous pouvons le dire, souvent trop chers. Voilà pourquoi nous avons également engagé des actions fortes pour une tarification plus juste. Les premières mesures de justice sociale ont été prises il y a quelques mois, nous allons engager le chantier de la justice territoriale dans les semaines à venir.

En rendant hommage à l'histoire du bus, cet ouvrage met en lumière la place déterminante des transports collectifs dans notre vie quotidienne, leurs avantages et la nécessité de les développer.

Je crois en l'avenir des transports en commun, je crois à leur succès. L'objectif de la Région Île-de-France est de concurrencer efficacement la voiture, non par dogme, mais simplement pour que circuler dans notre région soit possible pour tous. À travers nos actions d'aménagement, d'équipement et de tarification, ce que nous voulons offrir aux Franciliens, c'est un choix : des transports collectifs au service de tous, garants d'un environnement préservé et dotés d'une qualité irréprochable. Nous vivons une période charnière en matière de déplacements, je suis convaincu que le bus sera au cœur de l'avenir de notre Région dans les décennies à venir. ■

JEAN-PAUL HUCHON
PRÉSIDENT
DE LA RÉGION ÎLE-DE-FRANCE

SOMMAIRE

LES BUS (ILLUSTRATIONS D'HERVÉ DEBAUS)

BIBLIOGRAPHIE

OUVRAGES GÉNÉRAUX :

René Bellu, *Les autobus parisiens*, Paris, J.-P. Delville éditeur, 1969.
D. Larroque, *Analyse historique de l'évolution des transports en commun dans la région parisienne de 1855 à 1939*, CNAM, 1977
D. Tillier, Ch. Coullaud, *75 ans d'autobus de France*, Paris, EPA, 1979
Raymond-Laurent, *Paris, sa vie municipale*, Société française de librairie et d'éditions, 1937
Michel Margairaz, *Histoire de la RATP*, Albin-Michel, 1989
Dimitri Van Boque, *L'autobus parisien, 1905-1991*, Éditions Alcine, 1991

PUBLICATIONS ET REVUES DE LA RATP :

Louis Lagarrigue, *100 ans de transports en commun dans la région parisienne*, 1956
Jean Tricoire, *Le bus, un réseau dans la ville – Les Cahiers de la mémoire – L'Écho de la STCRP*, 1929-1931 – *Entre les lignes*

GARE St LAZARE St GERMAIN
AM
COMPAGNIE
966

1906-1913

AU DÉBUT DU SIÈCLE, un nouveau moyen de transport, l'automobile, est en plein essor; appliqué aux transports en commun de surface, il va, en vingt ans, bouleverser leurs conditions d'exploitation. Le 11 juin 1906 est une date fondatrice du réseau d'autobus parisiens: en ce jour de fin de printemps, la Compagnie Générale des Omnibus inaugure la toute première ligne d'autobus: Montmartre – Saint-Germain-des-Près, dont l'indicatif est AM. La traction hippomobile, qui va encore durer quelques années, est condamnée.

PARIS, 1910.
Devant la gare Saint-Lazare, un prototype à impériale de la ligne AM, entouré du personnel de la ligne, de voyageurs ainsi que de quelques curieux, peu habitués encore à ce «miracle» de la technique qu'était le bus à moteur essence…

AVIS DE LA CGO placardé dans les rues de Paris en janvier 1912, concernant la modification du trajet de la ligne AM (Montmartre – Saint-Germain-des-Près).

COMPAGNIE GÉNÉRALE DES OMNIBUS DE PARIS

AVIS

Ligne AM Montmartre - Saint-Germain-des-Prés

MM. les Voyageurs sont informés qu'à dater du 31 courant, les modifications suivantes seront apportées dans les arrêts de la ligne **AM**:

RUE DAMRÉMONT

L'arrêt situé au n° 44 sera remplacé par deux arrêts installés 1° rue Lamarck, 2° rue Félix Ziem.

RUE D'AMSTERDAM

Création d'un arrêt à hauteur du n° 104 (**Magasins de la Place Clichy**).

Par suite, l'arrêt de la rue de **Parme** sera reporté entre cette dernière rue et la rue de **Hambourg**.

27 Janvier 1912.

© Collection Philippe Février

La généralisation, lente mais progressive, de la traction automobile s'est achevée le 12 janvier 1913. Dès 1911, la Compagnie générale des omnibus a entrepris la modernisation de son réseau d'exploitation et la création de lignes nouvelles et de dépôts, la construction de matériel neuf. La modicité du prix du transport et le meilleur tracé des lignes entraînent un quasi doublement du trafic entre 1909 et 1912.

Paris, 1925. Remplissage du radiateur d'un autobus Schneider H de la ligne B stationné au terminus de la Gare de l'Est.

Paris, 1911. Autobus Schneider PB2 de la ligne R (Porte de Clichy – Hôtel de Ville) et son personnel d'exploitation en uniforme de la CGO.

LICHY · HOTEL de VILLE ·
RUE de CHATEAUDUN
HOTEL de VILLE
CHY
UDUN
418
RALE DES OMNIBU

AD

1914-1918

Le 1er août 1914, à 17 heures, le service des autobus parisiens est brusquement interrompu. Les machinistes et leurs véhicules sont en effet réquisitionnés pour le transport des troupes. En septembre 1914, les autobus prendront une part déterminante, aux côtés des taxis parisiens, à la bataille de la Marne. Pour assurer le remplacement des employés partis au front, les femmes occupent de nombreux emplois tant dans les ateliers que dans l'exploitation des lignes remises progressivement en service.

Paris, 3 août 1914.
La mobilisation générale touche également le matériel de la CGO. Ses bus, mis au service de l'armée, prennent le chemin du front.

Paris, 1914.
Un Brillié-Schneider P3 transformé aux ateliers de Championnet en voiture RVF (ravitaillement en viande fraîche).

J
PLACE St MICHEL
1073
326

Paris, durant la Première Guerre mondiale.
Le matériel parti au front, les infrastructures des transports parisiens se mettent au service de l'armée française. Ainsi, les ateliers de Championnet, dévolus aux autobus en temps normal, fabriquent entre autres des obus (ici, de 75) ou même des segments d'avions de chasse. Sur les chaînes de montage, les femmes ont remplacé les hommes, partis au front.

Page de gauche :
Paris, 1916. Un tout nouveau Schneider H, dérivé du Brillié-Schneider PB2 au poste de lavage dans un dépôt de la CGO.

Outre le transport des troupes, les autobus assurent également le ravitaillement et l'évacuation des blessés. Les vastes ateliers de la rue Championnet sont convertis pour soutenir l'effort de guerre : fabrication de munitions, assemblage d'avions et de véhicules de transport. Le manque d'autobus provoque de nombreuses difficultés dans les quartiers non desservis par le tramway et le métro. Il faut attendre le mois de juin 1916 pour qu'une ligne (Madeleine – Bastille) soit remise en service avec les nouveaux Schneider type H.

AUTOBUS
AI bis
GARE St LAZARE
OPERA
PLACE D'ITALIE
55
A St HUBERT
A St HUBERT

1919-1939

PENDANT L'ENTRE-DEUX-GUERRES, le réseau d'autobus va connaître une expansion liée à plusieurs facteurs : accroissement de la population en proche banlieue, rationalisation du système d'exploitation (unification des compagnies au sein de la STCRP en 1921, passage de la concession à la régie) et fin progressive du tramway. Désormais, la STCRP va pouvoir développer ses lignes et moderniser son parc de véhicules. En 1927, Renault livre les premiers PN et devient, jusqu'à la guerre, le principal fournisseur de la STCRP. En tout, 1 500 autobus sont achetés à Renault de 1931 à 1937.

PARIS, 1922.
Deux Schneider H quittent le terminus de la gare Saint-Lazare. Le centre du terre-plein est occupé par une aubette de la CGO, point de vente des tickets de la compagnie.

AFFICHETTE DE LA CGO expliquant aux voyageurs le rôle du receveur et de sa « moulinette ». Jusqu'en 1910, le paiement des places s'effectuait directement auprès du receveur, sans délivrance de billet, sauf en cas de correspondance.

PARIS, AOÛT 1936.
Autobus Renault TN 4 A2 de la ligne 30 et tramway de la ligne 8 devant la Gare de l'Est.

« LE TRAMWAY GÊNE LA CIRCULATION », a-t-on coutume de dire dans les milieux politiques de la capitale. Tout milite pour le remplacer par l'autobus, plus souple, moins encombrant, ne nécessitant pas d'infrastructure particulière. L'autobus s'insère plus harmonieusement parmi les 70 000 voitures particulières que compte Paris à cette époque. En mars 1937, le dernier tramway circule dans Paris. Un an plus tard, il disparaît également de la banlieue.

Page de droite : PARIS, ANNÉES 1920. Devant la gare Saint-Lazare, des autobus Schneider H pris dans la circulation au coin de la rue de Rome et de la rue Saint-Lazare.

DE COLOMBES
FRANCE
TCHECOSLOVAQUIE
AU
BON MARCHE
ARTISTES
INDEPENDANTS
SENS
INTERDIT
CINZANO
AK
TOUS COMBUSTIBLES
BERNOT
RUE LAFAYETTE
CROCHET
GARE MONTPARNASSE
ST LAZARE

GARE St LAZARE
Opéra - Pte St Martin
République - Bastille
GARE de LYON

PARIS, ANNÉES 1920.
Un Schneider H de la ligne AK (GARE SAINT-LAZARE – GARE DE LYON PAR LES GRANDS BOULEVARDS) traverse la place de la Bastille. Ses roues sont encore en bandage plein. Sur les pavés, le confort et la tenue de route devaient être tout relatifs…

À DROITE : Montée d'un machiniste à bord d'un autobus Renault TN 4 F à poste de conduite ouvert (non vestibulé). Avec l'adoption des pneumatiques à partir de 1929, performances et confort sont sensiblement accrus. Il faudra cependant attendre 1949 pour que les postes de conduite soient « vestibulés », c'est-à-dire étanches aux intempéries.

1940-1948

Hiver 1939-1940.
Quelque part sur le front, le personnel militaire des bus Renault TN 4 H-P requisitionnés. Constitués en groupes de transport, les bus sont directement rattachés aux unités combattantes et, en mai-juin 1940, subiront de lourdes pertes.

Bekanntmachung – Avis de la *Kommandantur* du « Gross Paris » de 1940 concernant l'utilisation des bus de la STCRP par les soldats de l'armée d'occupation.

Dès septembre 1939, plusieurs centaines de bus de la STCRP sont réquisitionnées, perturbant gravement l'exploitation du réseau. L'invasion allemande de mai 1940 occasionne la destruction d'une partie du parc et l'arrivée des Allemands à Paris, le 14 juin, met fin à l'exploitation du réseau. Pendant l'occupation, la STCRP devra faire face à des problèmes incommensurables : la quasi-totalité du parc est prélevée par les Allemands, pénuries de matières premières, de carburants et de pneumatiques… À la Libération, le parc des autobus parisiens, disséminé à travers l'Europe, est dans un piètre état.

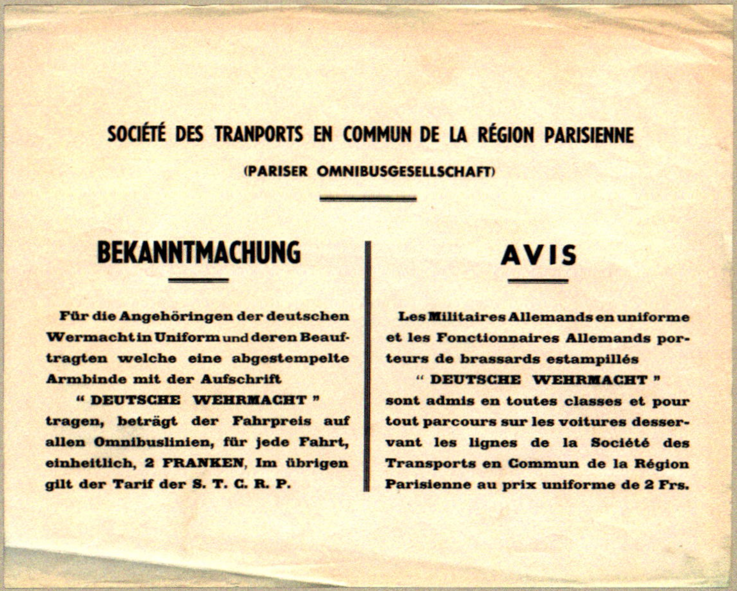

SOCIÉTÉ DES TRANPORTS EN COMMUN DE LA RÉGION PARISIENNE

(PARISER OMNIBUSGESELLSCHAFT)

BEKANNTMACHUNG

Für die Angehöringen der deutschen Wermacht in Uniform und deren Beauftragten welche eine abgestempelte Armbinde mit der Aufschrift
" DEUTSCHE WEHRMACHT "
tragen, beträgt der Fahrpreis auf allen Omnibuslinien, für jede Fahrt, einheitlich, 2 FRANKEN, Im übrigen gilt der Tarif der S. T. C. R. P.

AVIS

Les Militaires Allemands en uniforme et les Fonctionnaires Allemands porteurs de brassards estampillés
" DEUTSCHE WEHRMACHT "
sont admis en toutes classes et pour tout parcours sur les voitures desservant les lignes de la Société des Transports en Commun de la Région Parisienne au prix uniforme de 2 Frs.

REPUBLIQUE FRANÇAISE
LIBERTE EGALITE FRATERNITE
81
AUTOBUS
81 104
METRO
CHARENTON - ECOLES
METRO
METROPOLITAIN
METRO

LES LILAS, SEPTEMBRE 1943. Mise en chauffe du gazogène d'un Renault TN 6 A dans la cour du dépôt de Floréal. Sous l'œil du contremaître, le personnel procède aux ultimes vérifications avant le départ.

CHARENTON-LE-PONT, OCTOBRE 1942. Un Renault TN 4 H BLA à gaz de ville. Le 1er janvier 1942, l'exploitation du bus a été confiée à la Compagnie du métropolitain de Paris (CMP).

À PARTIR d'août 1940, les autobus rescapés sont remis en service avec des équipements adaptés à la pénurie d'essence; les moteurs ont été modifiés pour fonctionner à l'alcool, au gaz de ville et au gaz de charbon de bois, le fameux gazogène. Dès décembre 1940, 500 véhicules, dotés d'une enveloppe à gaz de ville sur leur toit, exploitent 44 lignes, principalement en banlieue. Ils circuleront jusqu'à la Libération, sans que l'on ait à déplorer aucun accident lié au gaz.

Saint-Wendel (Allemagne), octobre 1945.
Après la victoire alliée, des équipes procèdent à la récupération du matériel (ou de ce qu'il en reste). Au fond à droite, un char américain Sherman.

En juin 1945, de nombreux autobus sont à nouveau réquisitionnés, cette fois pour rapatrier prisonniers de guerre et déportés et assurer le ravitaillement. Arborant drapeaux tricolores et croix rouges, les bus font la navette entre les gares, l'aéroport du Bourget et l'hôtel Lutetia, transformé en centre d'accueil. Quant à la récupération de 1212 voitures éparpillées en France et en Europe, déclarées butin de guerre par les Allemands, elle ne demandera pas moins de quatre ans. Seuls 500 autobus sont en état de marche. Les ateliers de Championnet, bombardés en 1944, sont également à reconstruire.

Paris, juin 1945.
Devant la gare de l'Est, des autobus Renault TN 6 A affectés spécialement pour le retour des prisonniers de guerre.

2562
2362

73
94
DOP

1948-1975

Le 1er janvier 1949, la Régie autonome des transports parisiens (RATP) voit le jour. Son parc d'autobus est insuffisant et vieillissant. Dans ce contexte de pénurie, la RATP passe commande de matériels disparates. Ainsi, dans les années 1950, aux Renault TN 4 et TN 6, voire même aux PN d'avant-guerre, vont s'ajouter des Chausson APU et APH, des SOMUA OP 5, des Berliet PCS 10 et même le trolleybus Vetra. Au début des années 1960, la RATP est à la recherche d'un véhicule standard et robuste mieux adapté aux conditions d'exploitation de l'époque. Ce sera le Saviem SC 10.

PARIS, DÉCEMBRE 1949. Place de la Concorde, des autobus Renault TN 4 H BLA des lignes 73 et 94 pris dans les encombrements le jour de la mise en sens unique de la rue de Rivoli.

UN DES DESSINS humoristiques de Siné de la série qui constituait la campagne de promotion de l'autobus lancée par la RATP la 29 juillet 1953.

Paris, septembre 1960.
Équipe de régulation à bord d'un 4 CV de service.

Page de droite :
Novembre 1952.
Lavage de la caisse d'un autobus Somua OP5 au dépôt du Point du Jour.

Paris, septembre 1960.
Avant que les bus ne soient dotés d'un système de téléphonie embarquée (dans les années 1970), la régulation du trafic se faisait au moyen de bornes téléphoniques.

Paris, avril 1965.
Des agents de la RATP veillent au trafic de chaque ligne au centre régulateur de Bastille.

La modernisation technique du réseau impose une refonte totale du personnel d'encadrement du service d'exploitation. La RATP forme ses futurs agents de maintenance dans l'école de l'avenue Mozart. Sept jours sur sept, des femmes et des hommes veillent à la bonne marche du service.

QUINQUINA

DÉFENSE de FUMER

45 VOYAGEURS ASSIS
25 VOYAGEURS DEBOUT

Page ci-contre
en haut, à gauche :
RÉGION PARISIENNE,
JANVIER 1950.
Intérieur d'un trolleybus
Vetra VBR à recette
en poste fixe.

En haut, au centre
et à droite :
LE MACHINISTE s'occupe
également de la vente
des titres de transport.

Page ci-contre en bas :
PARIS, NOVEMBRE 1952.
À l'intérieur d'un
TN4H, le receveur
procède à l'oblitération
des tickets lamelles
dans la « moulinette ».
Cet appareil sera en
service de 1928 à 1965.

PARIS, JANVIER 1970.
Avec la mise en service
de l'autobus standard,
le Saviem SC10,
le machiniste n'a plus
besoin d'être un fort-à-
bras et le métier
se féminise.
Dès 1961, il y eut
quelques pionnières qui
manœuvraient des
Renault TN.

AVEC L'APPARITION de l'autobus à un agent, la direction de la Régie amorce la suppression de 4 500 postes de receveurs entre 1969 et 1974. La plupart d'entre eux seront formés au métier de machiniste.

PIGALLE
METROPOLITAIN
TABAC PIGALLE
P.M.U
RESTAURANT
2512

1976-2006

AU MILIEU DES ANNÉES 1970, pour juguler la chute constante du trafic bus, la RATP va se lancer à la reconquête de l'usager: instauration d'une nouvelle politique tarifaire dont le fer de lance est la Carte Orange, lancement des campagnes de communication ciblées et efficaces et généralisation des couloirs protégés. Les résultats seront fulgurants. La clientèle reconquise nécessitera la mise en service de véhicules toujours plus nombreux, plus confortables, plus fiables et plus respectueux de l'environnement. Un programme est mis en place, depuis 1994, pour réduire les rejets de particules de diesel, notamment par l'utilisation de filtres à particules et d'énergies alternatives. Aujourd'hui, l'ensemble du parc utilise différentes filières: gazole désulfuré, aquazole, électricité, gaz (gaz de pétrole liquéfié et gaz naturel pour véhicule) et biocarburant (le diester).

PARIS, 1977. Un autobus Berliet PGR, dont les initiales signifient «Paris gabarit réduit». Le PGR était en effet de 2 m plus court que le premier autobus standard SC 10 dont il était issu.

AFFICHE DE LA CAMPAGNE publicitaire lancée par la RATP en novembre 1977, intitulée «Pour mieux vivre Paris et sa région».

PARIS, JUIN 2005.
Irisbus Agora-L sur son « site propre » latéral bidirectionnel du boulevard Saint-Marcel.

L'IDÉE DU COULOIR D'AUTOBUS remonte à octobre 1959, lorsqu'il est décidé, devant les problèmes de circulation, d'accorder toutes facilités aux moyens de transport collectif. Le premier couloir, long d'à peine 990 m, sera matérialisé en 1964 sur les quais du Louvre et de la Mégisserie.

Page ci-contre :
MAI 2001 : autobus RVI Agora S avec accessibilité pour personnes à mobilité reduite.

JUIN 1998 : opération « Roue libre » à Saint-Germain-en-Laye. Un autobus spécial loue des vélos sur l'esplanade du château.

PARIS, OCTOBRE 2005 : opération « Nuit Blanche ». Un Noctilien embarque des voyageurs à son terminus Hôtel de Ville.

NOVEMBRE 2005 : Microbus Gruau mis en service dans la ville de Malakoff.

360

N 15
Villejuif
Louis Aragon
Noctilien

Hirondelle

LES INITIATIVES MENÉES **au début des années 2000 pour redynamiser et repenser l'autobus ne constituent qu'un prélude aux évolutions que connaîtra dans un proche avenir ce mode de transport. Les nouvelles technologies de l'information, mais aussi les nouveaux matériaux, permettront au bus du futur de répondre encore mieux aux attentes sans cesse renouvelées des Franciliens, résidents ou occasionnels. D'un mode de transport, le bus va ainsi évoluer vers un système intégré où véhicules, stations, voierie et agents seront interconnectés pour un service amélioré, plus ouvert sur la ville et le mode de vie des passagers. D'ores et déjà, les parties prenantes du transport en Île-de-France ont lancé réflexions et expérimentations afin de dessiner les contours de l'avenir de ce système bus du futur.**

PAVILLONS-SOUS-BOIS, FÉVRIER 2006.
Les pastilles de couleur sur le flanc de l'autobus matérialisent la première phase de l'opération Bus Attitude, destinée à améliorer la relation entre l'autobus et ses usagers.

le BUS 100 ans
de mouvement

CGO STCRP CMP 1949 1950 1970 1980 RATP

CHAPITRE I

1906-1913

Le temps des pionniers

Le 11 juin 1906 marque la mise en service de la première ligne équipée d'omnibus automobiles, la ligne AM, qui relie Saint-Germain-des-Prés à Montmartre. Six ans après l'inauguration de la première ligne de métro, l'autobus entre ainsi dans la vie parisienne.

La mise en service de l'« omnibus automobile » est le résultat d'un long processus dont l'origine peut être datée, à Paris, de 1828. C'est, en effet, en janvier de cette année que, par autorisation préfectorale, le préfet de police, M. de Beleyme, permet à MM. Baudry, Boitard et de Saint-Céran d'exploiter dans Paris un service de voitures dites « omnibus ». Dès la première année, dix lignes seront ainsi mises en exploitation. Le succès est tout de suite au rendez-vous, puisque du 11 avril au 15 septembre 1828, on compte 2 530 624 voyageurs, soit environ 310 passagers par voiture chaque jour.

Cette prospérité donne des idées à de nombreux entrepreneurs et jusqu'à dix-sept compagnies aux noms parfois exotiques voient le jour. Ainsi rouleront les Dames Blanches, les Diligentes, les Écossaises, les Gazelles ou encore les Algériennes… Cette dernière compagnie institue en 1836 le système du sectionnement, qui ne sera abandonné par la RATP qu'en 1999. Cette mesure, qui a pour objectif de rendre le prix du voyage proportionnel à la distance parcourue, permet de développer encore le trafic. Elle incite également les autres compagnies à faire de même pour ne pas être en reste.

Toutefois, les besoins en transport public ne sont pas totalement satisfaits. Les compagnies ont par exemple tendance à exploiter les lignes les

Paris, fin 1906-début 1907. Place Saint-Michel, l'omnibus automobile à impériale n° 34 (un prototype) de la ligne AM (Saint-Germain-des-Prés – Montmartre) croise un omnibus à chevaux.

À DROITE : PROFIL DE L'OMNIBUS à deux chevaux et 30 places (modèle 1889) de la ligne 564 (Chaussée du Maine – Gare du Nord).

EN BAS : PARIS, FIN DU XIXe SIÈCLE. Omnibus à trois chevaux et 40 places (modèle 1879) de la ligne D (Filles du Calvaire – Ternes) avec son personnel d'exploitation en uniforme de la CGO.

plus rentables et à délaisser certains quartiers. Devant les doléances du public, la Commission municipale, qui remplace sous le Second Empire le Conseil municipal élu, approuve le rapport du préfet de police, M. Pietri. Celui-ci préconise de substituer au régime des compagnies multiples une compagnie unique, chargée d'assurer le transport en commun des voyageurs dans Paris.

La Compagnie générale des omnibus

Le 22 février 1855, un décret impérial crée la Compagnie générale des omnibus (CGO), approuvant ainsi la fusion entre compagnies prévue dans l'acte passé le 19 février devant maîtres Mocquard et Alphen, notaires à Paris. De leur côté, les pouvoirs publics, désireux de voir se développer les transports collectifs, établissent un cahier des charges,

approuvé par la délibération municipale du 7 juillet 1854. Il s'agit du premier exemple en France de coordination des transports. La CGO absorbe alors les entreprises existantes et exercera pendant près d'un demi-siècle un quasi monopole sur les transports dans Paris intra-muros.

Cette concession très large sera confirmée à la CGO par le traité du 18 juin 1860, conclu entre la Ville de Paris, représentée par le baron Haussmann, préfet de la Seine, et la compagnie, représentée par MM. Moreau-Chalon, Dailly et Meuron. La concession accordée depuis le 1er juin 1854 est à cette occasion prolongée jusqu'au 31 mai 1910.

Tramways et bateaux-mouches

En 1853, un décret impérial autorise M. Loubat, un ingénieur des travaux publics qui avait procédé au rétablissement des tramways à New York, à construire à titre expérimental une voie ferrée entre le quai de Billy (aujourd'hui avenue de New York) et le Cours-la-Reine et à exploiter des tramways tractés

par des chevaux sur un parcours reliant Vincennes au Pont de Sèvres et au rond-point de Boulogne. Cependant, dès l'année suivante, les pouvoirs publics l'informent de leur souhait de le voir rejoindre la compagnie unique. Les 2 et 6 juin 1855, il signe avec la CGO une convention de fusion. La cohabitation du tramway et de la voiture omnibus est installée.

La Seine est également investie par les transports publics. En 1867, sous l'impulsion des pouvoirs publics, est établi un service de bateaux omnibus à vapeur, appelés les « bateaux-mouches » – l'origine

Paris, 1902. Un omnibus de la ligne V (Rue de Sèvres – Gare du Nord) sur le boulevard Montmartre. À l'arrière se tient un conducteur qui délivre les billets.

PARIS, DÉBUT DU XXe SIÈCLE. Scène ordinaire de la rue parisienne : le repos des chevaux de renfort, ajoutés à l'attelage des omnibus lors des montées. À gauche, le « côtier », qui accompagne le cheval de trait.

À DROITE : ANNÉES 1900. Cocher et conducteur de la CGO.

du nom est incertain, mais proviendrait sans doute du quartier de la Mouche, à Lyon, où furent fabriqués les premiers modèles. La société Plasson, qui exerce déjà cette activité sur la Saône, obtient la concession pour quinze ans de ce service, créé en vue de l'Exposition universelle. Le transport fluvial entre dans les habitudes parisiennes.

La compagnie des Hirondelles Parisiennes obtient de la Ville de Paris une concession semblable en mai 1876. D'autres compagnies établissent quant à elles des liaisons avec les villes de banlieue riveraines de la Seine ou de la Marne. Là également, un processus de fusion intervient : le 20 avril 1886 est créée la Compagnie générale des bateaux parisiens (CGBP). Les services de bateaux sont organisés entre Charenton et Suresnes ; ils sont interrompus en 1917, puis reprennent en 1921 pour être définitivement supprimés en 1924, en raison du déficit de l'exploitation.

De la guerre à la Commune

Le 19 juillet 1870, la France déclare la guerre à la Prusse. Ce conflit va bouleverser l'exploitation des transports parisiens. En effet, Paris est assiégé du 19 septembre 1970 jusqu'en février 1871.

Le siège de Paris entraîne la suppression des lignes de banlieue et la perte des chevaux au repos,

qui tombent aux mains des Prussiens. De plus, 2 800 chevaux environ sont réquisitionnés par l'armée française. Après la guerre, il faudra plus d'une année pour reconstituer la cavalerie. En outre, les réductions de tarifs accordées aux soldats de la Garde mobile et de la Garde nationale, soit 1,2 million de voyages environ, causent un préjudice financier important à la CGO.

Le 28 mars, les Parisiens, exaspérés par la défaite, s'appuient sur la Garde nationale, composée de 215 bataillons et forte de 500 000 fusils et de 210 canons, pour proclamer la Commune en résistance au gouvernement de Thiers. Installé à Versailles, celui-ci cherche à désarmer les insurgés. L'aventure se termine le dimanche 28 mai 1871 au cimetière du Père-Lachaise devant le mur des Fédérés, symbole de

PARIS, FIN DU XIXe SIÈCLE.
Rue de Romainville, un omnibus de la CGO modèle 1889 (deux chevaux et 30 places) de la ligne Belleville – Louvre.

PARIS, 1900. OMNIBUS de la CGO (modèle 1879 : trois chevaux et 40 places) de la célèbre ligne Madeleine – Bastille par les Grands Boulevards. Au début du XXe siècle, la CGO dispose d'environ 14 000 chevaux pour assurer le service de ses 700 omnibus sur 48 lignes. L'automobile commence tout juste à apparaître dans l'espace urbain.

la « semaine sanglante » qui aura fait plus de 20 000 morts et laissera des traces profondes, marquant durablement les relations du peuple de Paris avec le pouvoir.

L'essor technologique de la fin du siècle

En raison de difficultés financières, la Compagnie générale des omnibus ne peut assumer le renouveau des liaisons entre Paris et ses faubourgs, voulu par les pouvoirs publics de la IIIe République naissante. En conséquence, le Conseil général de la Seine reçoit l'autorisation de concéder de nouvelles lignes de tramway. Le 9 août 1873, le président de la République Mac-Mahon signe le décret qui autorise le lancement de 10 lignes, concédées comme pour celles de la CGO jusqu'au 31 mai 1910.

Cette floraison d'activités liées au transport ne pourrait exister sans la contribution d'un personnel nombreux et qualifié. Pour la CGO, l'équipage d'une voiture est constituée d'un cocher et d'un conducteur, qui perçoit le prix du transport. À l'écurie, les palefreniers soignent les chevaux et le piqueur, responsable de l'écurie sous l'autorité du chef de dépôt, régule la sortie des véhicules. Ce personnel est apprécié des voyageurs, comme en témoigne cette lettre adressée par Victor Hugo à M. Berthier, président du Conseil d'administration de la CGO, le 3 janvier 1878 :

« Monsieur,

Je fréquente habituellement deux lignes : les tramways de l'Étoile au Trône et les omnibus des Batignolles au jardin des Plantes.

J'ai ma part des excellents services que rendent au public les conducteurs et les cochers de ces deux lignes. Je voudrais, à l'occasion du Jour de l'an, les remercier. Permettez-moi de leur offrir, par votre intermédiaire, une somme de 500 F. Vous la trouverez sous ce pli.

Je voudrais que ces 500 F fussent distribués, par vos soins, aux conducteurs et cochers des deux lignes de l'Étoile au Trône et des Batignolles au jardin des Plantes. Ce n'est rien comme offrande, c'est peut-être quelque chose comme exemple. Je serais charmé d'être imité. Dans tous les cas, je suis heureux de donner une marque de sympathie cordiale à de braves et intelligents travailleurs.

Recevez, Monsieur, l'assurance de ma considération très distinguée. Victor Hugo. »

PARIS, 1905.
ESSAIS du prototype De Dion-Bouton à impériale à l'occasion du Salon de l'automobile.

À partir de l'après-guerre, la France connaît un retour à la prospérité marqué par un essor extraordinaire des sciences et des techniques, dont bénéficient en particulier les transports collectifs.

Jusqu'en 1887, la traction animale est exclusivement employée sur les lignes de tramway. À partir de cette date, les modes de traction autonome vont se multiplier : traction à air comprimé – le fameux système Mékarski, mis au point à Nantes en 1876, puis généralisé sur plusieurs lignes de la région parisienne de la Compagnie des chemins de fer nogentais, de la Compagnie des tramways de Saint-Maur ou bien de la CGO ; traction vapeur, utilisée notamment par la Compagnie des tramways de Paris à Saint-Germain ou par la Compagnie des tramways du nord de Paris, avec les locomotives Franck, Purrey, les automotrices système Rowan ou Serpollet ; traction électrique enfin, présentée par Siemens en 1881 et qui se développe à Paris à partir de 1892 sous des formes diverses. On observe ainsi le tramway à accumulateurs (1892), le tramway à plots en 1895 (le courant est distribué par des plots affleurant la chaussée, distants les uns des autres de 2,5 m et qui ne génèrent une tension électrique qu'au passage du véhicule), ou encore le tramway alimenté par un trolley en contact avec un fil aérien (1898), comme pour la motrice de type 500 de la CGPT (dont un exemplaire est toujours conservé par la RATP), ou par caniveau, l'alimentation se faisant alors par un frot-

CETTE CARTE POSTALE envoyée de Paris au Mans le 20 décembre 1905 fait état d'une nouveauté présentée à l'occasion du Salon de l'automobile : « … les omnibus automobiles faisant le trajet de la Bourse aux portes de la ville. […] Si vous cherchez bien, vous verrez parmi les badauds ébahis l'auteur de ces lignes. »

teur sur un rail de roulement enterré. Ces dernières solutions techniques seront d'ailleurs les plus prometteuses et les seules à subsister après la Première Guerre mondiale.

Les premiers autobus

Simultanément, l'automobile connaît des progrès considérables : en 1891, Fernand Forest, un ingénieur français, met au point le moteur à quatre cylindres et perfectionne la bougie d'allumage et le carburateur. En 1895, Édouard Michelin monte sur bandages pleins la première voiture automobile d'Armand Peugeot, l'*Éclair*. Parallèlement, l'exploitation du pétrole, qui servait jusqu'alors à l'éclairage et au graissage, connaît un essor lié à celui du moteur à

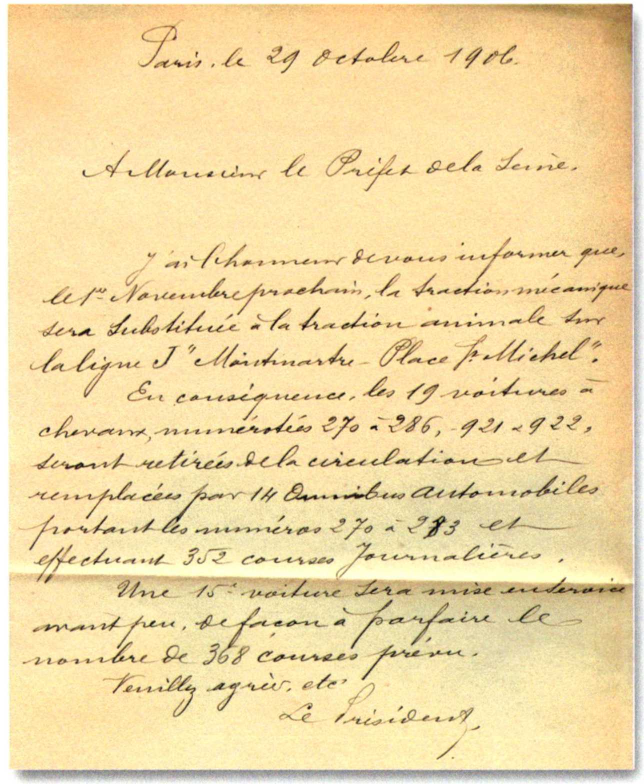
Paris, le 29 octobre 1906.

A Monsieur le Préfet de la Seine.

J'ai l'honneur de vous informer que, le 1er Novembre prochain, la traction mécanique sera substituée à la traction animale sur la ligne J "Montmartre - Place St Michel".
En conséquence, les 19 voitures à chevaux, numérotées 270 à 286, 921 à 922, seront retirées de la circulation et remplacées par 14 Omnibus automobiles portant les numéros 270 à 283 et effectuant 352 courses journalières.
Une 15e voiture sera mise en service avant peu, de façon à parfaire le nombre de 368 courses prévu.
Veuillez agréer, etc.
Le Président.

LETTRE DU 29 OCTOBRE 1906, adressée par le président de la CGO au préfet de la Seine, l'informant de la mécanisation de la ligne J (Montmartre – Place Saint-Michel) : « J'ai l'honneur de vous informer que […] la traction mécanique sera substituée à la traction animale sur la ligne J… »

explosion : en 1890, on en extrait 8 millions de tonnes dans le monde et on atteindra 56 millions de tonnes (dont 34 pour la seule Amérique) en 1914. Le raffinage connaît pour sa part sa plus importante innovation en 1912 avec la mise au point de la technique du « cracking », distillation à haute température et sous forte pression.

© Collection Philippe Février

Dès la fin du XIXe siècle, l'automobile fascine. De plus en plus confortable et rapide, elle est en passe de détrôner la traction animale et les compagnies de transport collectif n'y resteront pas longtemps insensibles. L'apparition de l'omnibus automobile est donc liée à l'effervescence technique et économique de cette fin du XIXe siècle. L'objectif des exploitants de lignes de transport en commun peut se résumer à trois préoccupations : transporter plus vite, plus confortablement et moins cher. Pour s'adapter à ces exigences, les techniciens modifient les formes et les dimensions des voitures et cherchent à améliorer le rendement et la puissance des modes de traction.

Il faut en outre répondre à la demande de transport liée à l'urbanisation. En 1900, Paris compte déjà plus de 3 millions d'habitants, soit près d'un dixième de la population française ! L'étalement de la ville et l'extension des banlieues génèrent des besoins en transport inconnus jusqu'alors.

Confrontée depuis 1900 à la concurrence du métro, la Compagnie générale des omnibus a, la première, l'intuition de l'intérêt que présentent les

À GAUCHE : PARIS, 1904. Le conducteur du prototype n° 48. Les pattes de col de sa veste de cuir sont ornées des insignes de la CGO.

CARICATURE du début de siècle signée d'un certain E. A., qui illustre les craintes des Parisiens quant au développement des « omnibus automobiles » (vitesse, fumées d'échappement, nuisances sonores, dangerosité…).

© Collection Philippe Février

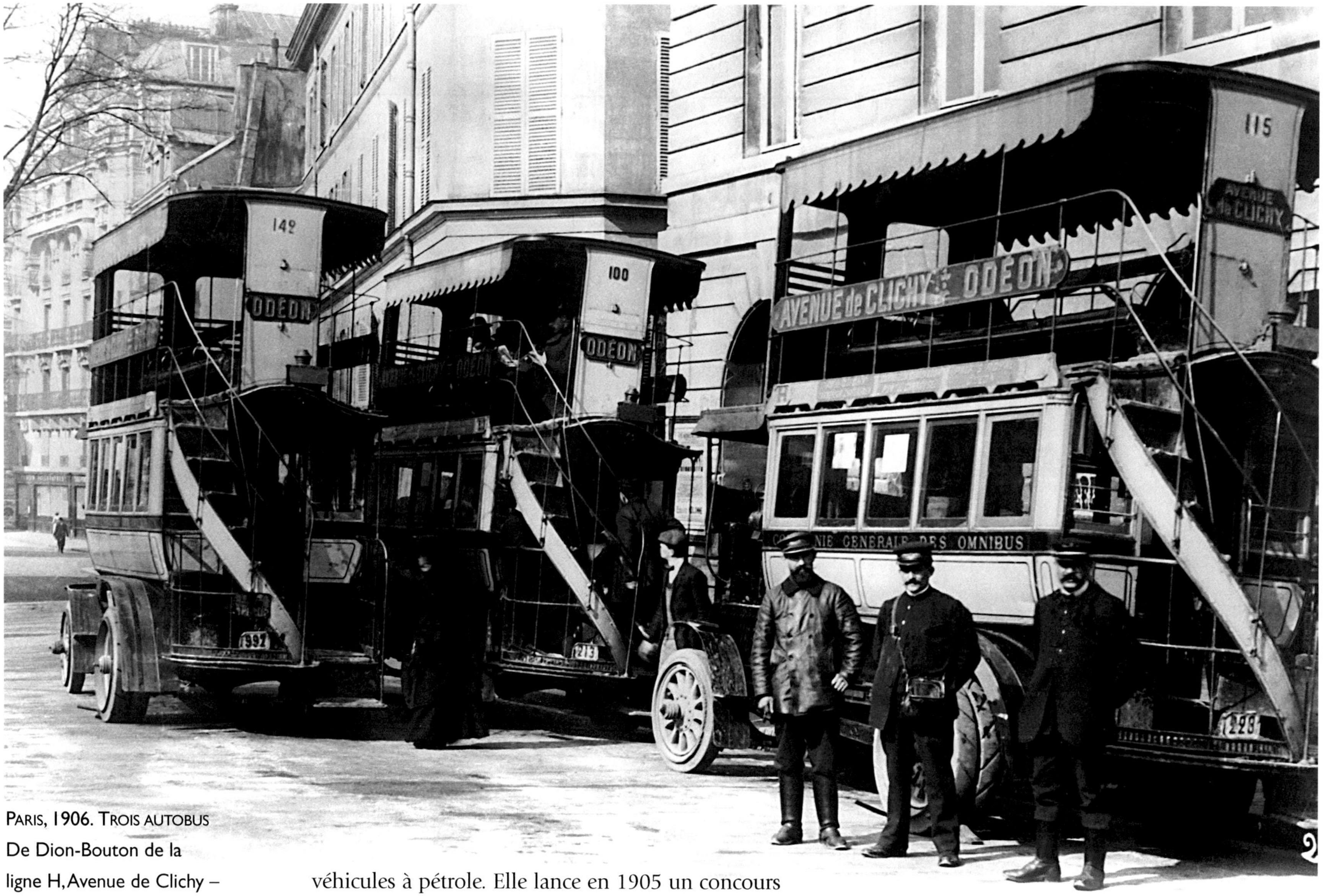

PARIS, 1906. TROIS AUTOBUS De Dion-Bouton de la ligne H, Avenue de Clichy – Odéon, au terminus de la ligne, place de l'Odéon. Deux chauffeurs et un receveur (au centre) posent pour la postérité, alors que les passagers s'installent sur l'impériale du bus n° 100.

véhicules à pétrole. Elle lance en 1905 un concours auprès des constructeurs d'automobiles. Dix d'entre eux y répondent. Des essais méthodiques sont alors entrepris sur la base d'un cahier des charges identique. Du 8 au 24 décembre 1905, soit pendant toute la durée du Salon de l'automobile qui se tient alors au Grand Palais, un service régulier entre la Bourse et le Pont de l'Alma est assuré par les neuf véhicules retenus. D'emblée, le public se montre très favorable à ce nouveau mode de transport : le trajet en autobus dure presque moitié moins de temps qu'avec l'omnibus à cheval ! La CGO choisit un châssis Brillié-Schneider du type P2, portant une caisse à impériale et équipé d'un moteur 4 cylindres développant 35 CV à 900 t/min. Cette voiture offre 16 places à l'intérieur et 14 places assises à l'impériale. Si le confort n'est pas vraiment au rendez-vous, les roues à bandages étant loin d'assurer un amortissement idéal, la vitesse supérieure de ce type de véhicule par rapport aux omnibus à chevaux lui confère un atout considérable.

Du 11 juin 1906 au 30 juin 1907, ce sont 7 lignes qui sont progressivement équipées avec des autobus du type P2 :

- ligne AM : Montmartre – Saint-Germain-des-Prés ;
- ligne C : Porte de Neuilly – Hôtel de Ville ;
- ligne J : Montmartre – Place Saint Michel ;
- ligne I : Place Pigalle – Halles aux Vins (aujourd'hui Jussieu) ;
- ligne AL : Gare des Batignolles – Gare Montparnasse ;
- ligne H : Avenue de Clichy – Odéon ;
- ligne A : Gobelins – Notre-Dame-de-Lorette.

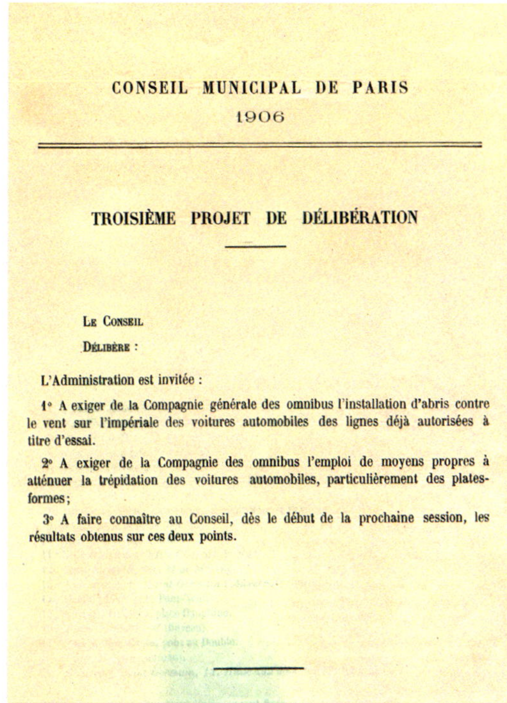

CONSEIL MUNICIPAL DE PARIS

1906

TROISIÈME PROJET DE DÉLIBÉRATION

Le Conseil

Délibère :

L'Administration est invitée :

1° A exiger de la Compagnie générale des omnibus l'installation d'abris contre le vent sur l'impériale des voitures automobiles des lignes déjà autorisées à titre d'essai.

2° A exiger de la Compagnie des omnibus l'emploi de moyens propres à atténuer la trépidation des voitures automobiles, particulièrement des plates-formes ;

3° A faire connaître au Conseil, dès le début de la prochaine session, les résultats obtenus sur ces deux points.

Extrait du compte-rendu du Conseil municipal de Paris du 9 juillet 1906, formulant une série d'exigences à l'égard de la CGO concernant, entre autres, l'installation de coupe-vent sur les impériales.

Paris, 1906. Un des premiers autobus Brillié-Schneider P2 en circulation sur la ligne AM (Montmartre – Saint-Germain-des-Prés). L'avant de son impériale ne comporte encore aucune protection.

Deux versions du P2 verront le jour avant que l'impériale ne soit définitivement abandonnée. Le modèle initial n'a pas de protection à l'avant et cette absence de confort sera même évoquée au Conseil municipal de Paris. Pour y remédier, un deuxième type à 30 places est développé, avec 16 places assises à l'impériale, dorénavant protégée par une cloison vitrée.

Progrès techniques et nouvelles préoccupations

Très vite, les premiers autobus P2 ne peuvent plus satisfaire tous les besoins, et la Compagnie générale des omnibus étudie alors d'autres types de carrosserie et de châssis.

Pour améliorer encore les performances, un concours municipal est ouvert. On mène une étude sur la dimension des autobus et la solution retenue, mixte, comprend deux types de matériels.

Finalement, en octobre 1910, pour le renouvellement des concessions de lignes, la CGO propose à la Ville de Paris trois nouveaux modèles d'autobus :

– un autobus de 35 places sur châssis Schneider PB 2, doté d'un moteur tournant à 1 000 t/mn et dont la vitesse atteint 22,7 km/h ;

– un autobus de 31 places sur châssis De Dion-Bouton DA, également doté d'un moteur tournant à 1 000 t/mn et dont la vitesse maximale est de 22 km/h ;

– un autobus de 30 places sur châssis Brillié-Schneider P3 d'une vitesse de pointe de 22,7 km/h.

Au total, 990 voitures de ces trois types seront commandées :

– l'impériale est abandonnée au profit d'une caisse en bois de chêne pour la charpente et de frêne pour les courbes. La toiture, en frise de sapin, est recouverte à l'extérieur de toile goudronnée et à l'intérieur de contreplaqué ;

– la plate-forme arrière surbaissée avec accès à une seule marche apparaît : elle deviendra pour des décennies, avec la livrée verte et crème généralisée sur ces premiers autobus sans étage, le symbole de l'autobus parisien ;

– la caisse est distincte du châssis auquel elle est fixée par dix boulons. À l'avant du châssis sont disposés deux sièges, celui de gauche étant réservé au machiniste. Le réservoir de carburant de 110 litres est placé sous les sièges. Cette disposition restera commune à tous les autobus construits jusqu'en 1939. Bien entendu, on ne prévoit pas d'abriter le machiniste, pas plus que naguère le cocher. Les premiers autobus ne sont même pas munis de pare-brise. Après son apparition, il faudra attendre l'arrivée des premiers TN4 A en 1931 pour que la cabine soit vestibulée. Cette disposition sera généralisée en 1949.

À cette époque, le pétrole raffiné est une denrée rare et déjà lourdement taxée dans notre pays. Les acheteurs doivent acquitter non seulement une taxe douanière mais également, à Paris, une taxe d'octroi. C'est pourquoi la CGO utilise d'abord l'alcool carburé à 50 % de gazole. À la suite d'essais comparatifs, elle est amenée, en 1910, à adopter le benzol

GAUCHE ET DROITE : INTÉRIEUR d'un autobus Schneider PB 2 (successeur du P2), photographié dans un dépôt en 1911. Il y a 19 places en 2e classe et 16 en 1re classe.

Brillié-Schneider P2

Afin de remplacer les omnibus à chevaux, profitant de l'émulation créée autour du Salon de l'automobile de 1905, la Compagnie générale des omnibus (CGO) met en circulation, sur une ligne spéciale, neuf autobus prototypes fournis par l'industrie sur la base d'un cahier des charges établi par la compagnie. L'un d'entre eux, le Brillié-Schneider de type P2, est retenu pour équiper une demi-douzaine de lignes. Après 1910, les P2 seront progressivement transformés en P3 sans impériale. Ils seront réquisitionnés par l'armée et disparaîtront pendant la guerre de 1914-1918.

- Mise en circulation : lundi 11 juin 1906 sur la ligne AM (Montmartre – Saint-Germain-des-Prés)
- Nombre de bus mis en service : 151
- Retrait : 1914-1918
- Carburant : essence
- Moteur : 4 cylindres
- Puissance : 35 CV à 900 t/mn
- Vitesse maximale : 22,7 km/h
- Longueur : 6,24 m
- Largeur : 2,19 m
- Hauteur : 4,25 m
- Places assises : 28 à 30 (dont 14 à l'intérieur et 16 à l'impériale)
- Places debout : 2
- Poids à vide : 6,5 t
- Poids en charge : 8,05 t

De Dion-Bouton DA

C'est le deuxième type d'autobus choisi par la CGO pour remplacer les autobus à impériale. Ce sont des autobus à un seul niveau, facilitant le service voyageurs, et plate-forme arrière surbaissée avec entrée dans l'axe.

- Mise en circulation : 1910-1911
- Nombre de bus mis en service : 263
- Retrait : 1914
- Carburant : binaire (alcool et benzol)
- Moteur : 4 cylindres
- Puissance : 30 CV à 1 000 t/mn
- Vitesse maximale : 22 km/h
- Longueur : 6,24 m
- Largeur : 2,19 m
- Hauteur : 4,25 m
- Capacité : 31 (1er type) ou 35 places
- Poids à vide : 5,07 t
- Poids en charge : 7,16 t

Schneider PB 2

En 1908-10, La conception de l'autobus à impériale est remise en cause suite à un renversement de véhicule sur la place de l'Étoile. Le PB 2 est une déclinaison du P 2, dotée d'un seul étage.

- Mise en circulation : 1911 à 25 janvier 1913
- Nombre de bus mis en service : 627
- Retrait : 1914
- Carburant : binaire (alcool et benzol)
- Moteur : 4 cylindres
- Puissance : 35 CV à 900 t/mn
- Vitesse maximale : 20 km/h
- Longueur : 7,56 m
- Largeur : 2,3 m
- Hauteur : 3,1 m
- Places assises : 28 (16 ou 12 en 1re classe)
- Places debout : 7
- Poids à vide : 5,4 t
- Poids en charge : 8,1 t

GARANTI PUR
RIPOLIN
POUR
VOITURES
1540

pur malgré certains inconvénients, comme une mise en route plus difficile par temps froid et un encrassement rapide des bougies. La consommation est alors d'environ 0,6 l/km pour l'alcool carburé et 0,5 l/km pour le benzol.

On se préoccupe également du bruit des véhicules et des odeurs dues aux émanations de gaz d'échappement et d'huile chaude. Dès 1907, comme l'indiquent les rapports de la commission de contrôle, ces nuisances modernes entraînent de nombreuses réclamations.

L'année 1910 est marquée par la gigantesque crue de la Seine, qui culminera à sept mètres au-dessus de son niveau normal. La crue débute vers le 20 janvier et dès le 25, la situation devient critique. Le bus automobile va alors démontrer une capacité d'adaptation bien supérieure à celle de ses concurrents, le tramway et le métro. Alors que ces derniers sont paralysés par la montée des eaux, le bus peut se détourner de son itinéraire habituel et maintenir, pendant toute la durée de la crue, la liaison entre les différents quartiers de la capitale. Les lignes Gare des Batignolles – Gare Montparnasse et Porte Maillot – Hôtel de Ville étant impraticables, la Compagnie les modifie en créant des lignes provisoires. Ainsi circule-t-on sur les itinéraires Porte Maillot – Saint-Augustin, Trocadéro – Saint-Augustin et Gare des Batignolles – Place de la République en empruntant les rues de Constantinople, de Londres, de la Chaussée-d'Antin et les Grands Boulevards. Pendant plusieurs jours, les habitants de Paris peuvent ainsi voir circuler dans les rues des autobus portant des indications d'itinéraires bien différents de ceux auxquels ils sont affectés en temps normal. Il faut attendre le 6 février 1910 pour

PARIS, 1911. Autobus Schneider H sur fosses de visite aux ateliers du dépôt des Poissonniers, sous l'œil du personnel de la CGO.

« CERTIFICAT DE CAPACITÉ » – l'équivalent, à l'époque, d'un permis de conduire – d'un machiniste de la Compagnie générale des omnibus.

NOTA.

Les certificats de capacité délivrés par le Préfet d'un département, conformément à l'article 11 du décret du 10 mars 1899, sont valables pour toute la France.

Ils peuvent être retirés après deux contraventions dans l'année. (Art. 32 dudit décret.)

MINISTÈRE DES TRAVAUX PUBLICS, DES POSTES ET DES TÉLÉGRAPHES.

RÉPUBLIQUE FRANÇAISE.

DÉPARTEMENT d SEINE

CIRCULATION DES AUTOMOBILES.
(Décret du 10 mars 1899.)

CERTIFICAT DE CAPACITÉ
valable pour la conduite
des voitures à pétrole.

(1) Désigner la nature du ou des véhicules auxquels s'applique le certificat.

1847-1915

BILLETTERIE DES LIGNES

1

2

3

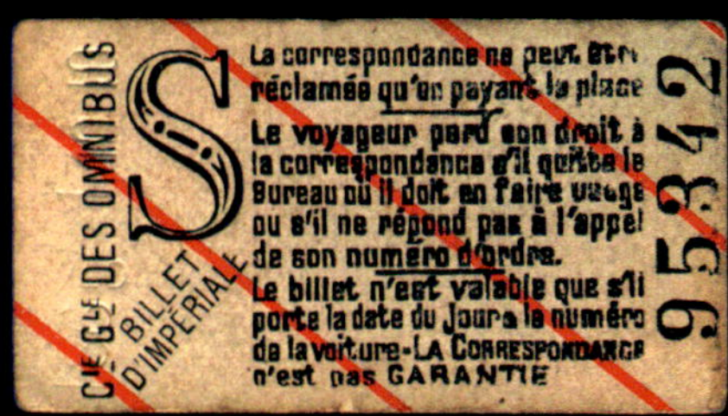

4

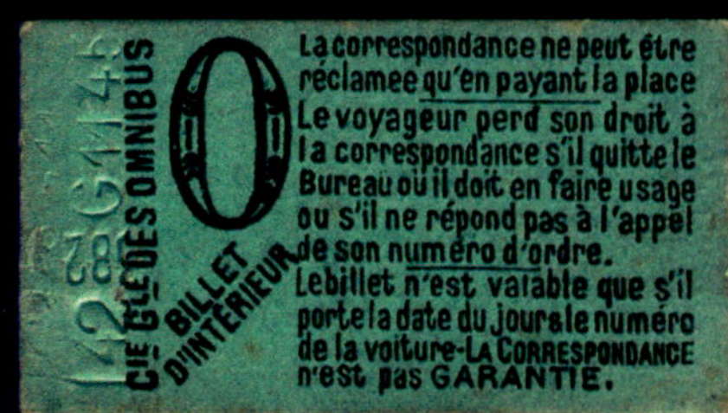

5

6

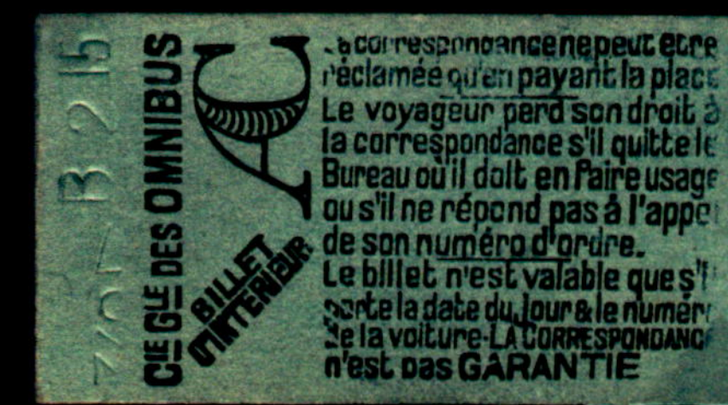

7

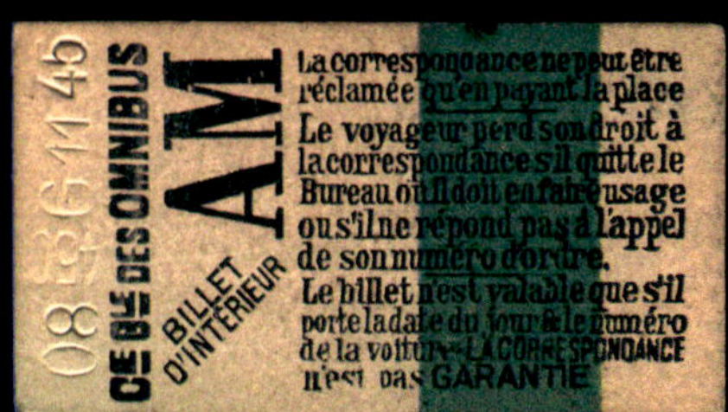

8

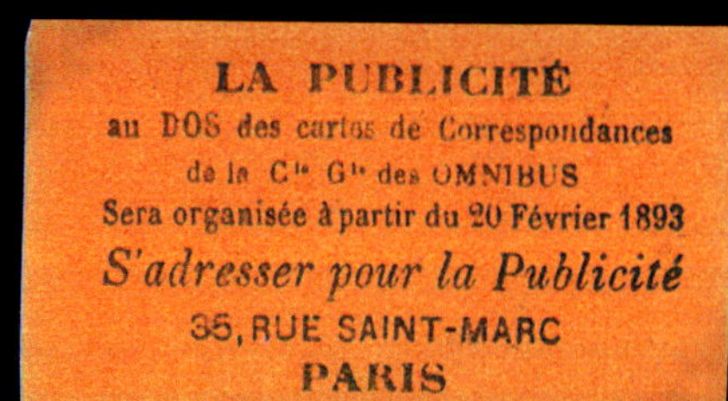

9

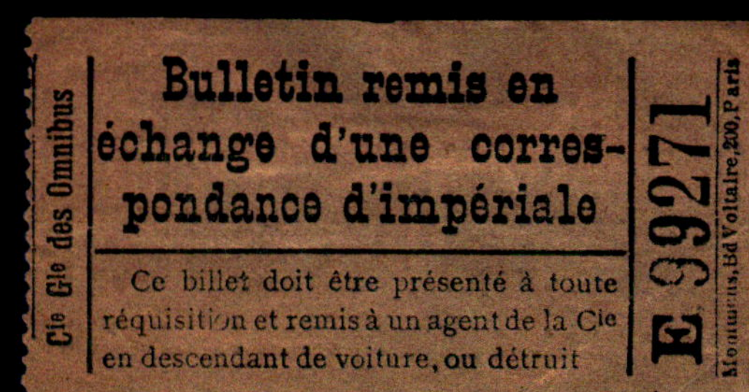

10

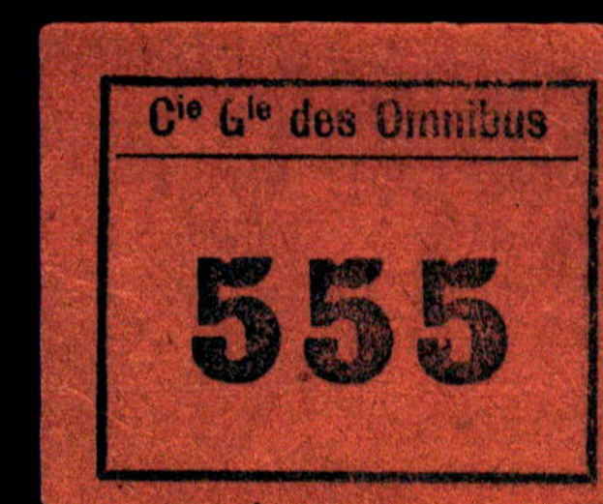

11

12

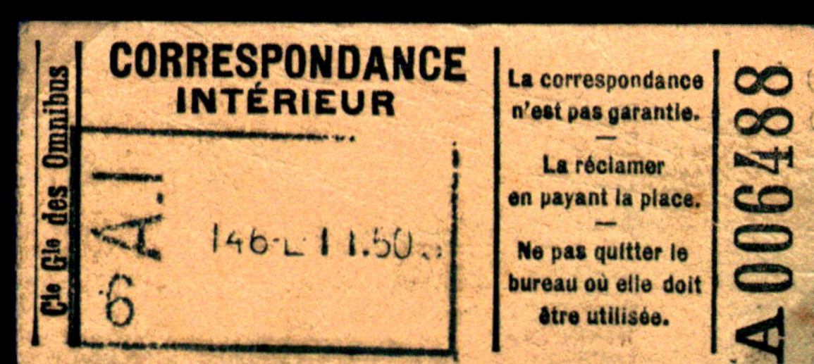

13

14

À PARTIR DE 1855 ET JUSQU'EN 1910, le système de perception des places s'effectue par paiement direct au receveur, sans délivrance de billet, sauf en cas de correspondance. Chaque fois qu'un voyageur montait, le receveur actionnait un compteur à deux cadrans ; l'un dénombrait les voyageurs de l'impériale, l'autre ceux installés à l'intérieur. Cela permettait un contrôle permanent de la recette. Les documents n° 1 et 2 illustrent respectivement la plus ancienne correspondance connue entre deux compagnies (1847) et un cachet, privilège rare. La correspondance était gratuite pour une place d'intérieur à 30 centimes et coûtait un supplément de 15 centimes pour l'impériale (n° 3 à 10 et 13). Elle était complétée par un numéro d'ordre mentionné dans le texte imprimé sur les billets (n° 11). Les employés de la compagnie voyageaient « en franchise » (n° 12), c'est-à-dire gratuitement. Il existait aussi des tickets pour militaires (n° 14).

DU RÉSEAU ROUTIER PARISIEN

15

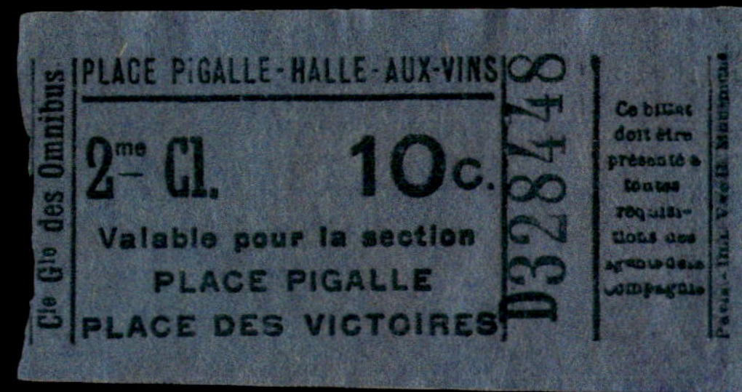

15

16

15

15

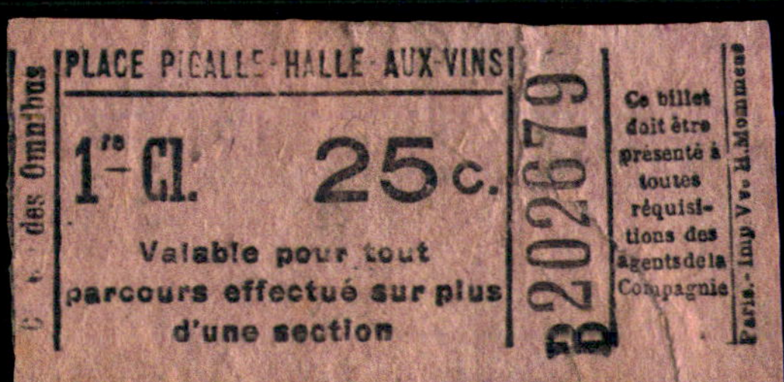

15

15

17

18

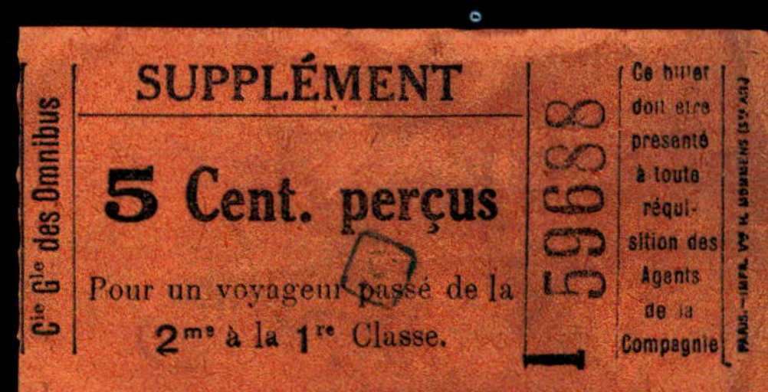

19

20

© Collection Philippe Février

À partir de 1910, les lignes sont divisées en plusieurs sections tarifaires. Dès le 1er juin, tout voyageur montant en voiture se voit remettre par le receveur un ticket dont il existe toute une gamme de tarifs spécifiques : 1re ou 2e classe, surclassement (n° 19), parcours sur une ou plusieurs sections, tarif réduit (n° 20), service de nuit (n° 18), service spécial (n° 17). Chaque receveur dispose d'une planchette numérotée garnie de tickets, composant une palette multicolore. Chaque ticket d'une même couleur porte une lettre indicatrice de série et un numéro. Les valeurs représentées sont 15 centimes en 1re classe et 10 centimes en 2e classe, correspondant au prix par section ou fraction de section, et de 25 centimes en 1re classe et 15 centimes en 2e classe pour les parcours complets de la ligne (n° 15). Le document n° 16 est une carte de circulation, très rare, avec cachet illustré de la CGO et la signature de son directeur.

Place de l'Opéra, 1912.
Sur la place s'entrecroisent pas moins de 14 lignes assurées par des Brillié-Schneider PB 2.

commente de façon pittoresque la manifestation prévue en l'honneur de cet événement :

« Une manifestation originale aura lieu demain samedi pour [...] les obsèques du dernier omnibus. Les chevaux entraîneront pour la dernière fois, sur la ligne La Villette – Saint-Sulpice les antiques voitures de la Compagnie générale des omnibus. [...] Le rendez-vous est fixé à midi devant l'église Saint-Sulpice. On apportera, paraît-il, des couronnes, il y aura, ajoute-t-on, à déjeuner après le voyage en cortège de Saint-Sulpice à La Villette. »

Toutefois, d'après un article paru dans *La Liberté* du 18 février 1913, le dernier cheval de la CGO n'aura pas été celui du La Villette – Saint-Sulpice :

« On croyait que c'en était fait des chevaux de la Compagnie des omnibus… Vous vous souvenez du joyeux cortège qui accompagna les derniers omnibus de Saint-Sulpice à La Villette ? Il est cependant encore des véhicules de la CGO traînés par des chevaux. Ce sont les tramways de la ligne Pantin – Opéra qui déambulent lentement au trot de braves percherons un peu fatigués. Le temps n'est pas loin où la CGO employait 15 000 chevaux… Il lui en reste 250 qui ne tarderont pas à aller relayer définitivement. »

C'est finalement le 20 avril 1913 qu'un tramway tiré par des chevaux circule pour la dernière fois dans Paris.

Paris, 12 janvier 1913. Une foule compacte salue l'« enterrement » du dernier omnibus à chevaux de la ligne Saint-Sulpice – La Villette.

424
15

CHAPITRE II

1914-1918

Tout pour le front…

LA CGO EXPLOITE 1045 AUTOBUS EN SERVICE LORSQUE LA MOBILISATION VIENT BRUSQUEMENT STOPPER L'ESSOR DES TRANSPORTS PARISIENS. LE 1ER AOÛT 1914, À 17 HEURES, LA RÉQUISITION MILITAIRE ARRÊTE BRUSQUEMENT LE SERVICE DES AUTOBUS DANS TOUT PARIS. LA DÉSORGANISATION QUI S'ENSUIT N'EST PAS GRAVE. LA GUERRE, SELON L'OPINION GÉNÉRALE, NE VA DURER QUE L'ÉTÉ…

PARIS, 2 AOÛT 1914.
Départ de deux convois de soldats fraîchement mobilisés vers le front, à bord des autobus Schneider PB2 de la CGO réquisitionnés. La majorité de ces hommes qui « quittent tout pour un été » n'imagine pas que la guerre va durer quatre années, coûtant à la France près de 1 300 000 hommes…

Au matin du 2 août, trois groupes composés de 120 autobus sont affectés au corps de cavalerie dans le but de transporter les bataillons d'infanterie de soutien. Les autres, 770 véhicules, constitueront les fameuses sections de ravitaillement en viande fraîche (RVF), après avoir subi des aménagements spéciaux, aux ateliers de Championnet.

Les autobus affectés au corps de cavalerie participeront ainsi à plusieurs engagements sur la Meuse et sur la Sambre. Ils aideront les troupes françaises engagées face à l'offensive allemande. Souvent chargés de récupérer les derniers défenseurs laissés sur des points d'appui, les conducteurs s'illustrent par leur sang-froid et manœuvrent leurs machines avec autant de précision dans les carrefours des villes bombardées que quelques jours auparavant sur les boulevards de la capitale.

Mais l'armée française recule. La France découvre avec stupeur que l'ennemi n'est plus qu'à 25 km de Paris ; les manchettes des journaux annoncent l'ennemi « de la Somme aux Vosges », le gouvernement quitte Paris et gagne Bordeaux, « pour donner une impulsion nouvelle à la défense nationale ». À l'initiative des généraux Joffre et Gallieni, le nouveau gouverneur militaire de Paris, une nouvelle armée est créée en toute hâte.

Août 1914. Raymond Poincaré déclare : « La mobilisation n'est pas la guerre. » Pourtant… Elle concerne tant les hommes que le matériel de la CGO.
Le soldat français de 1914 porte une tenue sensiblement identique à celle de 1870 : képi, capote bleue et pantalon garance.

Page de droite : décembre 1914.
Un autobus de la CGO transformé en voiture TP (transport de personnel).

Une audacieuse contre-attaque est alors lancée : c'est la célèbre bataille de la Marne, qui se déroule du 6 au 13 septembre 1914. Elle va permettre de stopper définitivement l'avancée des troupes allemandes. Les autobus y sont engagés : deux divisions prises successivement à deux jours d'intervalle du côté de Jonchery sont ainsi conduites vers Soissons. Il faut, pour réaliser cette opération, rassembler des sections prélevées sur quatre armées différentes. Dans la nuit, elles sont groupées tout autour de Châtillon-sur-Marne, s'attendant les unes les autres avec des liaisons médiocres. Des difficultés qui caractérisent ce premier embarquement important devait naître le premier règlement sur

174. *Voiture T.P. (Décembre 1914).*

ESTAMINET DOSCOT
ESTAMINET
959

l'embarquement de troupes par automobile. À côté des fameux taxis parisiens qui servent à conduire les renforts sur la Marne, les autobus de la CGO participent dignement à ce premier grand succès d'une armée motorisée.

Dans les tranchées et à l'arrière

Les troupes franco-britanniques, épuisées, n'arrivent pas à transformer le recul des Allemands en débandade. Fin novembre, les offensives d'envergure s'arrêtent. Le front se stabilise sur une ligne allant de la frontière suisse jusqu'à la mer du Nord. Les armées s'enterrent, la guerre devient une guerre de position. Le ravitaillement des tranchées en hommes, munitions et vivres, tout comme l'évacuation des blessés, vont devenir des impératifs stratégiques.

Pendant quatre ans, les personnels et le matériel des transports en commun parisiens prendront une part active à tous les transports de guerre : à Verdun, sur la Voie sacrée, sur la route de Saint-Quentin dans la Somme en 1916, pour le franchissement des Alpes par les troupes alliées se rendant en Italie en 1917, et sur tous les champs de bataille de 1918.

On se doit de citer cette chanson du front évoqué par le rédacteur de *L'Écho de la STCRP* dans son numéro 2 de novembre 1929 :

« Je me souviens encore, non sans une certaine émotion, d'une chanson rosse, tout à fait de circonstance, braillée face aux lignes, dans un « abri » du Bois-Le-Prêtre et qui commençait ainsi :

Après avoir parcouru tous les faubourgs,
Les grands boulevards et les plus petits carrefours,
L'autobus a quitté la Seine
Pour courir la plaine

PLAQUE DU RADIATEUR d'un Brillié-Schneider P2. La firme Goudard et Mennesson, à l'origine du système de refroidissement des autobus Schneider, deviendra ensuite la maison Solex.

FRÉVENT (PAS-DE-CALAIS), AUTOMNE 1914. L'alignement des autobus parisiens réquisitionnés provoque la curiosité des habitants. Durant la Grande Guerre, Frévent est un emplacement stratégique sur les lignes de communication. Le 43e Casualty Clearing Station (Unité médicale de l'armée britannique) s'y installe d'avril à juin 1916 ; d'autres suivront (Lucknow CCS), pour finir par l'hôpital militaire n° 6, de juin à août 1918.

Le devant du radiateur d'un autobus Brillié-Schneider PB 2, fabriqué par Goudard et Mennesson. La fixation triangulaire caractéristique singularise tous les modèles d'autobus construits jusqu'en 1927. Le Renault PN sera le premier à rompre avec cette esthétique.

À toute haleine…
Toujours aussi léger, aussi élégant,
On l'a repeint tantôt bleu et tantôt blanc
Mais sa mission n'est pas changée
Puisqu'il porte la viande enragée. »

« Les vers n'étaient certes point fameux », concluait le rédacteur, « mais si vous saviez combien ils étaient émouvants, chantés par les gars de Paris pour qui l'autobus apparaissait comme la tendre évocation des heures chères et tant regrettées, vécues dans la douceur du paysage parisien. »

À l'arrière, les différents réseaux de la région parisienne participent à la Défense nationale.

Tous les dépôts inoccupés du fait de la réquisition et de l'envoi sur le front du matériel roulant automobile sont immédiatement mis à la disposition de l'autorité militaire.

Les dépôts de la Contrescarpe, de Bagnolet, de Bastille, de Clichy, du Hénault, de Montrouge, de Lebrun, de la Croix-Nivert, de Malesherbes servent de magasins d'approvisionnement et de parcs automobiles. D'autres sont transformés provisoirement en parc à bestiaux et abattoirs, tels les anciens dépôts des Gobelins, du Panthéon ou de Jemmapes. D'autres encore sont reconvertis en cantonnement provisoire pour la troupe.

À l'atelier central de la CGO, rue Championnet, s'installe dès le début des hostilités le détachement d'usine CGO, constitué presque exclusivement d'agents de la Compagnie, unité militaire dépendant du centre d'approvisionnement de matériel automobile de Vincennes.

Ce détachement était chargé de constituer les unités automobiles (instruction du personnel, encadrement, habillement), avec le matériel fabriqué dans l'atelier central et destiné aux transports de troupes et de matériels ou de ravitaillement en viande fraîche.

En outre, il devait remettre en état, avec le personnel de la compagnie, les véhicules qui étaient

envoyés pour réparation, et fournir des pièces de rechange aux unités en service au front. Les réseaux de tramway des différentes compagnies de la région parisienne facilitent dans la mesure du possible le transport des ouvriers se rendant dans les usines de guerre ou en revenant de la même manière. La CGO crée également, pour le transport des matières premières et des pièces en partie usinées, des services entre divers ateliers et usines travaillant pour la guerre.

PARIS, 1er SEPTEMBRE 1914. Des autobus transformés en véhicules d'intendance militaire (transport automobile des viandes).

Enfin, elle constitue une organisation commune pour mettre à la disposition des services et des hôpitaux de l'armée des bons de transport à prix réduit, utilisables sur tous les réseaux.

Pendant toute la durée de la guerre, les ateliers fonctionnent sans interruption, répondant aux commandes de camions automobiles faites par l'autorité militaire : la CGO fournit ainsi aux armées 1 643 véhicules automobiles avec les pièces de rechange nécessaires.

Elle entreprend aussi la fabrication des munitions lourdes et, vers la fin de 1917, elle se consacre plus particulièrement à celle des avions et des moteurs d'avions. La CGO a fabriqué pour le compte de l'autorité militaire 1 450 000 obus de divers calibres, 420 000 grenades, 70 000 bombes, 660 avions Salmson, 5 avions Caudron C-23 et 605 moteurs d'avions.

Les autres compagnies ne sont pas en reste et transforment leurs ateliers en fabriques de munitions. C'est le cas de la CGPT, Compagnie générale parisienne de tramways, qui installe dans son dépôt d'Ivry un atelier produisant 12 000 obus de 75 par mois, ou la Compagnie des tramways de l'Est parisien qui, dès l'année 1915, fabrique également des munitions au dépôt des Lilas.

Partout, dans les ateliers comme pour l'exploitation des lignes, les femmes sont mobilisées. Elles constituent les « gros bataillons » des travailleurs d'usine. Elles feront également leurs premiers pas comme receveurs, mais pas encore comme machinistes. Une fois la guerre terminée, une grande majorité d'entre elles, à l'exception des veuves de guerre, retournèrent « à la maison ».

La CGO déploie toute la science de ses ingénieurs pour améliorer les modèles de véhicules destinés à l'armée. Elle apporte ainsi des perfectionnements notables au châssis Schneider, équipé d'un nouveau type de moteur, désigné sous le nom de moteur H, étudié et mis au point dans ses ateliers. De même, la boîte de vitesses et le pont arrière du PB 2 sont remplacés.

Mais l'absence des autobus causent d'incommensurables difficultés aux habitants des quartiers de Paris non desservis par le tramway ou le métro. Le Conseil municipal s'en émeut. Sur intervention du préfet de la Seine, le ministre de la Guerre accepte que la CGO utilise l'excédent de sa production destinée aux armées, afin de remettre en exploitation les lignes d'autobus les plus indispensables.

Une centaine d'autobus Schneider H est donc construite et parallèlement, la CGO rachète à l'autorité militaire d'anciens châssis équipés de moteurs De Dion ou Schneider. Le 1er juin 1916, la ligne E (Madeleine – Bastille par les Grands Boulevards) est remise en service. Un peu plus tard, la ligne Gare Saint-Lazare – Place Saint-Michel fonctionne à nouveau. Il faut attendre le 15 janvier 1918 pour revoir des autobus sur la ligne Avenue de Clichy – Odéon, et le 21 avril sur le trajet Gare Saint Lazare – Gare de Lyon.

La fin des concessions se profile

À la fin de la guerre, la hausse continue des prix et le maintien des tarifs au niveau de 1913 ne permettent plus aux compagnies de subsister. Dès juillet 1918, le Conseil général invite l'Administration à mettre d'urgence à l'étude la réorganisation des transports en vue de doter l'agglomération parisienne d'un réseau correspondant à son extension continue et aux besoins futurs du trafic. Il l'invite en outre à examiner s'il y a lieu de relever provisoirement les tarifs.

Avant qu'une proposition ne puisse être faite, un commencement de grève du personnel se produit. Pour éviter la réquisition des réseaux, les compagnies donnent satisfaction à leur personnel.

Mais les augmentations de salaires qui en résultent, ainsi que l'application de la loi de 8 heures, l'octroi d'un congé annuel de 21 jours et de la retraite à 55 ans d'âge et 25 ans de services, représentent un accroissement des dépenses annuelles de l'ordre de 50 millions de francs. Les compagnies déclarent être hors d'état de supporter ce supplément de charges et réclament les moyens d'y subvenir. L'Administration

PARIS, DÉCEMBRE 1918.
Des autobus parisiens transformés en véhicules RVF reviennent du front, usés et abîmés, après avoir rempli leur mission «au service de la patrie»...

PAGE DE GAUCHE : planche à découper *Pro Patria* où l'autobus «reconverti» tient une place essentielle dans la chaîne de ravitaillement.

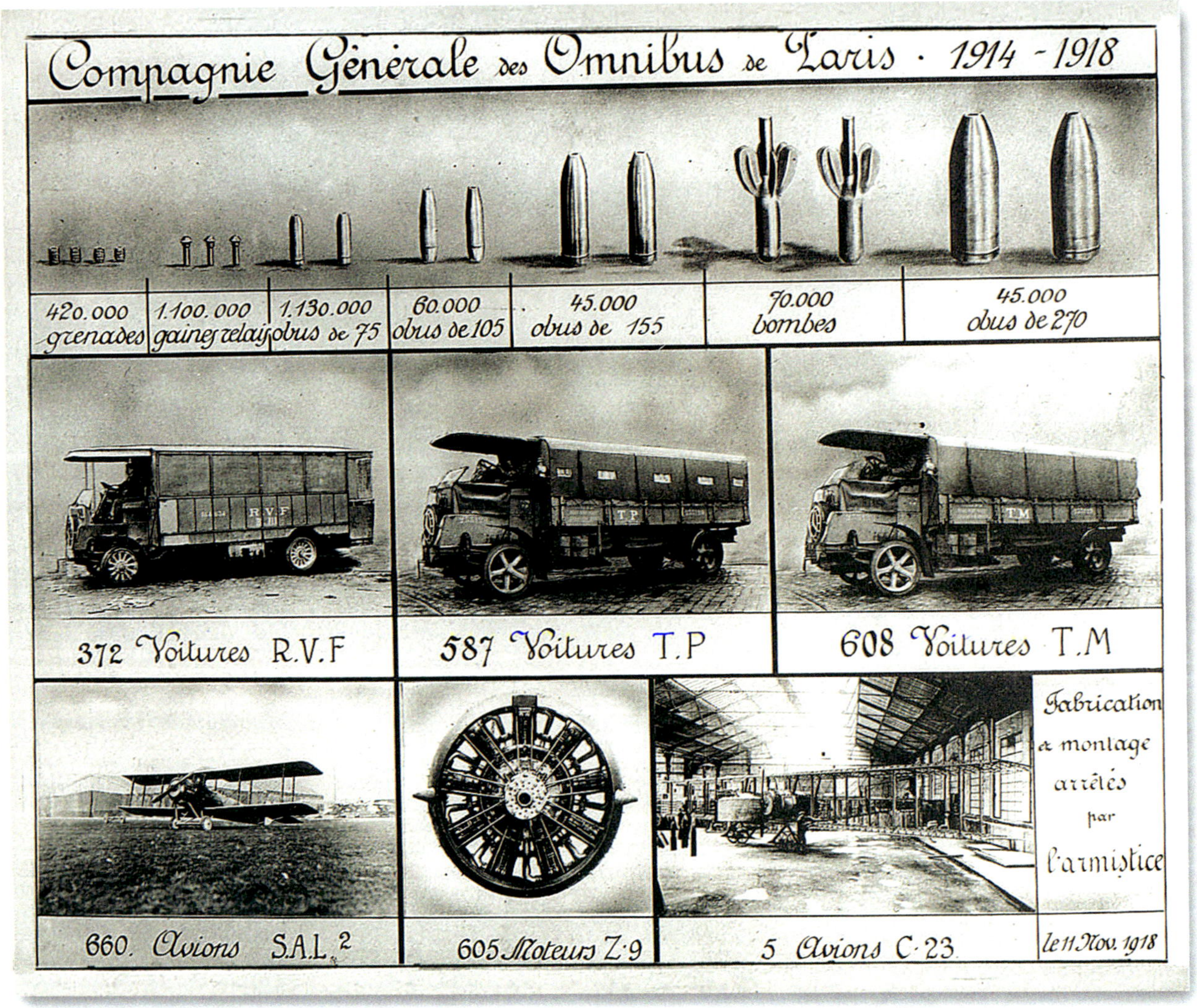

Le bilan des activités des années 1914-1918 pour les ateliers de Championnet de la CGO : grenades, obus, autobus transformés, moteurs et même châssis d'avions…

ne peut que proposer à nouveau aux compagnies des avances de trésorerie. Celles-ci refusent cette mesure qu'elle jugent insuffisante. Certaines déclarent même qu'elles envisagent la cessation de leurs services. Le préfet de la Seine est alors amené à proposer une augmentation provisoire des tarifs. Du débat passionné qui s'ouvre alors au Conseil général à la fin de 1918 se dégagent les idées générales qui permettront la substitution de la régie intéressée au système des concessions.

Les prémices d'un système de régie

Le régime de la concession apparaît en effet périmé. Il manque de souplesse ; il empêche la levée des capitaux ; il est d'une durée nécessairement limitée ; enfin, il est lent à s'adapter à l'évolution économique et sociale. Il s'agit donc de choisir entre la régie directe, système dans lequel une personne publique exploite et dirige elle-même, à ses risques et périls, un service industriel en y employant ses capitaux et ses fonctionnaires ; et la régie intéressée, dans laquelle l'État, le département ou la commune chargent un régisseur d'exploiter un service public pour le compte de la collectivité.

Le régisseur est intéressé à la bonne gestion par un système de primes l'engageant à diminuer les dépenses et à augmenter les recettes.

Les partisans de la régie directe font valoir que ce mode d'exploitation permet le développement des réseaux en maintenant des tarifs bas, tout en laissant la possibilité à l'Administration d'entretenir des lignes déficitaires. De plus, la régie directe supprime évidemment toute contestation entre concédant et concessionnaire. Pour l'avenir, elle permet d'envisager la rentrée dans les caisses publiques d'un bénéfice qui, sous le régime des concessions, ne profite qu'aux actionnaires.

De leur côté, les adversaires de la régie directe déclarent que les collectivités publiques, qui ne sont pas mues par l'intérêt personnel, sont susceptibles de laisser la routine, la bureaucratie, l'irresponsabi-

PARIS, 1917. Présentation aux autorités militaires, devant Saint-Thomas-d'Aquin, d'un prototype Schneider H n° 330, muni à titre expérimental d'un ballon à gaz. Cet équipement a été réalisé par la ECFM (Société d'éclairage, chauffage et force motrice).

lité et le népotisme s'installer dans l'exploitation des transports.

Ces derniers arguments prévalent et la motion tendant au rachat des concessions et à l'institution de la régie directe est repoussée par le Conseil général dans sa séance du 28 décembre 1918 par 42 voix contre 37. La régie intéressée, présentée comme « conciliant l'indispensable contrôle exercé par l'autorité supérieure avec les avantages de la recherche du profit, moteur de l'activité et de l'initiative individuelles », rassemble la majorité des suffrages.

En outre, un accord portant sur l'unification des tarifs est signé.

Des nouvelles conventions sont approuvées par décret du 5 février 1919 et de nouveaux tarifs sont appliqués le 8 février. Malheureusement, des difficultés ressurgissent en 1919 et 1920 qui ne permettent pas d'obtenir le résultat escompté, à savoir le rétablissement de l'équilibre financier des réseaux.

BO
OPERA
1658
OPERA

CHAPITRE III

1919-1939

Le réseau s'unifie

Les compagnies de transport parisiennes sortent exsangues de la Grande Guerre. Les augmentations de tarifs, toujours freinées par les autorités de tutelle, n'ont pas permis de couvrir les dépenses, sans cesse alourdies par la hausse des salaires et des coûts des matières. Le système de la concession ayant montré ses limites, on se dirige vers une exploitation en régie. Les compagnies se regroupent au sein de la STCRP.

Paris, 1931.
Un autobus Renault TN 4 A2 de la ligne BO vient de quitter la place de l'Étoile et s'engage dans l'avenue de Friedland. À l'arrière-plan, faisant le tour de la place, on aperçoit un Renault PN, flou dans son mouvement, avec son gros museau caractéristique.

Le salaire moyen journalier des machinistes et receveurs est passé de 7 F en 1914 à près de 20 F en 1920. Par ailleurs, les matières premières ont vu leurs prix monter à mesure que la guerre se prolongeait. À titre d'exemple, le prix des rails a augmenté de 200 % et celui des pièces de bronze de 275 %. Le prix de la tonne de charbon est quant à lui passé progressivement de 15 F en 1914 à 262 F en 1920. À la fin des hostilités, les difficultés techniques s'ajoutent aux difficultés financières. Sur le réseau de tramway, le pourcentage des voitures utilisables est tombé à environ 65 % pour les motrices et à 42 % pour les remorques. Mais ce sont les autobus qui sont les plus durement touchés. La CGO ne dispose plus que d'une centaine d'entre eux en état de marche et la plupart des dépôts sont encore réquisitionnés par l'armée. La construction de matériel neuf est très lente car, du fait des difficultés d'approvisionnement, les matières premières et les pièces mécaniques ne sont livrées qu'avec de grands retards. Enfin, les voitures réquisitionnées ne rentrent que très lentement des armées : 30 à 40 par mois seulement.

Schneider H

Pendant la Première Guerre mondiale, la CGO a mis au point un nouveau moteur, appelé moteur H, monté sur un châssis Schneider modifié. À partir de 1929, les bandages du H laissent leur place aux pneumatiques, procurant un confort accru pour les voyageurs.

- Mise en circulation : 1er juin 1916 sur la ligne E (Madeleine – Bastille)
- Nombre de bus mis en service : 1 269
- Retrait : 1937-1938
- Carburant : essence/benzol
- Moteur : 4 cylindres
- Puissance : 30 CV à 1 000 t/mn
- Vitesse maximale : 25 km/h
- Longueur : 7,71 m
- Largeur : 2,19 m
- Hauteur : 3,07 m
- Places assises : 28
- Places debout : 10 sur la plate-forme
- Poids à vide : 5,2 t
- Poids en charge : 8,15 t

Schneider H 6

Le Schneider H 6 est formé d'un châssis H allongé, muni du même moteur que ce dernier. C'est une version à six roues du Schneider H, à capacitée augmentée, mise en service sur les grandes voies parisiennes au profil peu accidenté (lignes E Madeleine – Bastille et AK Gare Saint-Lazare – Gare de Lyon).

- Mise en circulation : 1923
- Nombre de bus mis en service : 51
- Retrait : 1938
- Carburant : benzol/essence
- Moteur : 4 cylindres
- Puissance : 30 CV à 1 000 t/mn
- Vitesse maximale : 25 km/h
- Longueur : 10,43 m
- Largeur : 2,19 m
- Hauteur : 3,07 m
- Places assises : 40 (20 en 1re classe et 20 en 2e classe)
- Places debout : 8 en 2e classe
- Poids à vide : 7 t
- Poids en charge : 10,64 t

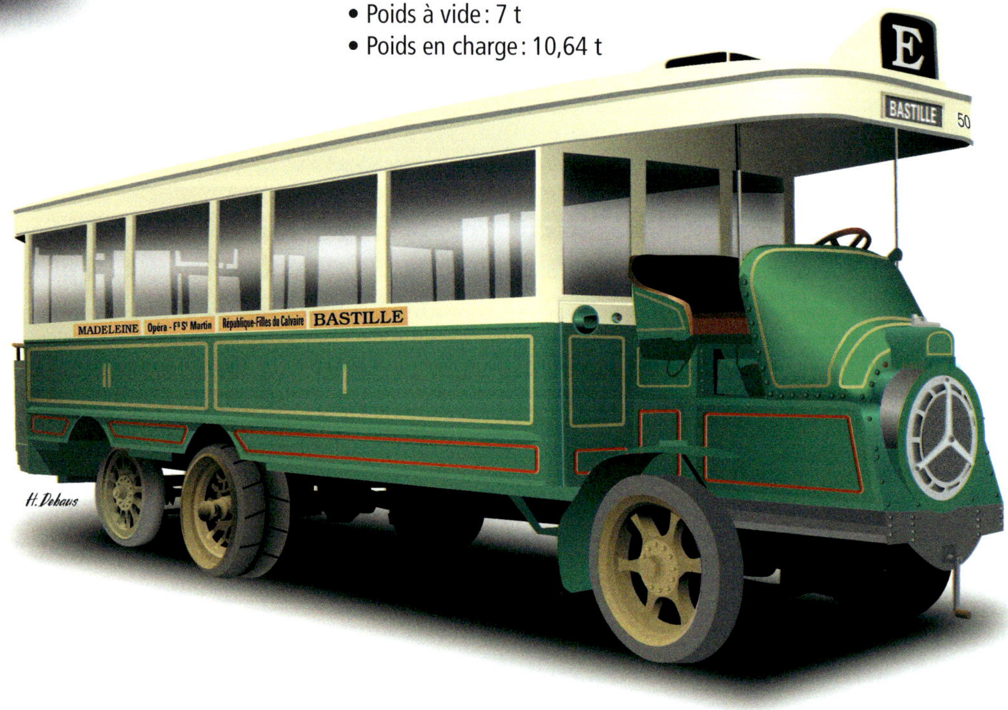

Renault PN

Premier modèle d'autobus construit en série par les usines Renault, le PN présente de nombreuses innovations techniques, notamment le châssis surbaissé permettant de supprimer la marche de la plate-forme arrière, caractéristique des autobus PB2 et H, mais également certains défauts, comme un refroidissement insuffisant et un graissage délicat. Prévus pour être réformés en 1940, les PN ne rouleront pas pendant l'Occupation mais, en raison de la pénurie de matériel, une cinquantaine d'entre eux reprendront du service avant d'être retirés du service en 1950. Une version dérivée du PN – le Renault PY – est réalisée à 23 exemplaires pour les lignes de banlieue et lignes à faible trafic. Les PY sont mis en exploitation au cours de l'année 1929.

- Mise en circulation : novembre 1926
- Nombre de bus mis en service : 337
- Retrait : 16 janvier 1950 (ligne 21)
- Carburant : essence
- Moteur : 4 cylindres
- Puissance : 45 CV à 1 500 t/mn
- Vitesse maximale : 35 km/h
- Longueur : 8,19 m
- Largeur : 2,37 m
- Hauteur : 2,88 m
- Places assises : 28 ou 29 (16 ou 17 en 1re classe et 12 en 2e classe)
- Places debout : 12 en 2e classe
- Poids à vide : 5,62 t
- Poids en charge : 9 t

Renault TN 4 A1 banlieue

Le TN4A innove par une nette amélioration de la motorisation et la capacité de transport par rapport à ses prédécesseurs; mais les moteurs des TN4A donnent lieu à de nombreuses avaries. Ainsi, il est décidé de les remplacer en 1936 par les moteurs des autobus TN4F mis en service un an plus tôt. Les TN4A transformés sont alors dénommés TN4B.

- Mise en circulation: 25 août 1931
- Nombre de bus mis en service: 150
- Retrait: 1936
- Carburant: essence
- Moteur: 4 cylindres
- Puissance: 58 CV à 1 640 t/mn
- Vitesse maximale: 40 km/h
- Longueur : 9,19 m
- Largeur : 2,41 m
- Hauteur: 2,97 m
- Places assises: 33 (17 en 1re classe et 16 en 2e classe)
- Places debout: 17 en 2e classe
- Poids à vide: 6,11 t
- Poids en charge: 9,5 t

Renault TN 4 A2 Paris

Le type A2, destiné aux lignes de Paris, était conçu pour être servi par deux agents, tandis que le A1 (type « banlieue ») n'était servi que par un seul agent.

- Mise en circulation: 25 août 1931
- Nombre de bus mis en service: 320
- Retrait: 1936
- Carburant: essence
- Moteur: 4 cylindres
- Puissance: 58 CV à 1 640 t/mn
- Vitesse maximale: 40 km/h
- Longueur : 9,19 m
- Largeur : 2,41 m
- Hauteur: 2,97 m
- Places assises: 33 (17 en 1re classe et 16 en 2e classe)
- Places debout: 17 en 2e classe
- Poids à vide: 6,11 t
- Poids en charge: 9,5 t

Renault TN 6 A2

En 1932, pour faire face à la disparition des tramways, la STCRP commande aux usines Renault 770 châssis du TN 6 A aux moteurs puissants six cylindres, sur lesquels la STCRP montera des caisses construites par ses ateliers. En 1962, 14 voitures TN 6 A seront destinées à la ville de Dakar (Sénégal).

- Mise en circulation : 1932
- Nombre de bus mis en service : 770
- Retrait : printemps 1969
- Carburant : essence (ou diesel après modification)
- Moteur : 6 cylindres
- Puissance : 67 CV à 1 470 t/mn
- Vitesse maximale : 40 km/h
- Longueur : 9,5 m
- Largeur : 2,415 m
- Hauteur : 2,972 m
- Places assises : 33 (17 en 1re classe et 16 en 2e) pour le type « Paris » ; 24 pour le type « banlieue »
- Places debout : 17 en 2e classe pour le type « Paris » ; 33 pour le type « banlieue »
- Poids à vide : 7,1 t
- Poids en charge : 10,49 t

Renault TN 6 C2

Le poste de conduite du TN 6 C 1 n'est pas séparé du compartiment voyageurs ; la montée et la descente des voyageurs s'effectuent à l'avant respectivement par une porte pliante et une porte coulissante à commande pneumatique. Une plate-forme fermée est aménagée à l'arrière. Les TN 6 C 1 sont surnommés « cages à poules » du fait de l'aspect particulier du vestibulage avant.

- Mise en circulation : 1934
- Nombre de bus mis en service : 250 (160 à 50 places et à deux agents et 90 à 54 places et un agent)
- Retrait : 1969
- Carburant : essence (ou diesel après modification de mars 1950)
- Moteur : 6 cylindres
- Puissance : 67 CV à 1 470 t/mn
- Vitesse maximale : 40 km/h
- Longueur : 9,5 m
- Largeur : 2,415 m
- Hauteur : 2,972 m
- Places assises : 33 (17 en 1re classe et 16 en 2e) pour le type « Paris » ; 24 pour le type « banlieue »
- Places debout : 17 en 2e classe pour le type « Paris » ; 33 pour le type « banlieue »
- Poids à vide : 6,96 t
- Poids en charge : 10,74 t

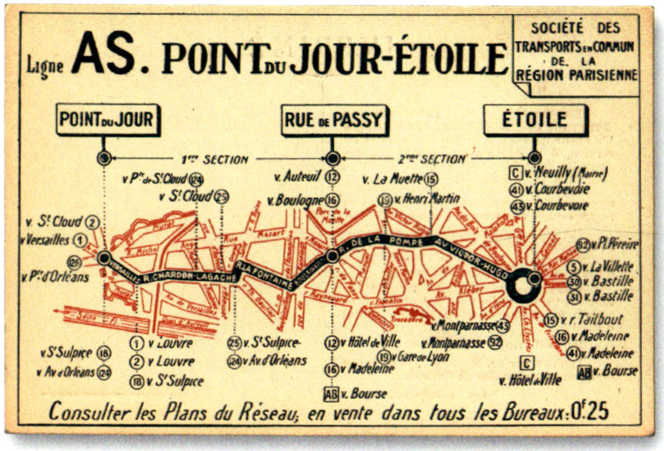

PLAN DE LIGNE AS édité par la STCRP en 1922 au dos d'une carte postale.

PLAQUE figurant sur les autobus Renault TN 6.

De nouveaux véhicules

Le comité consultatif émet très vite le vœu de voir les tramways disparaître du centre de Paris afin de remédier aux embarras de la circulation, véritable problème pour la population.

Pour créer une alternative crédible, il faut que les bus proposent une capacité équivalente à celle du tramway. On étudie alors un autobus à grande capacité à six roues, dérivé du type H conçu pendant la guerre, le H 6. Muni du même moteur, du même embrayage et de la même boîte de vitesse que le H, il compte 48 places, dont 20 en 1re classe. Les places en 2e classe se répartissent en 20 places assises et 8 debout sur la plate-forme. Le H 6 est mis en service en 1923 sur la ligne E, Madeleine – Bastille. 51 voitures de ce modèle seront mises en circulation.

À partir de 1924, la société étudie également la conception de véhicules de petite capacité. Les châssis, des Renault KX 1 et Somua MAT 2, sont équipés avec deux types de carrosserie, l'« express », à 25 places, et l'« autocar », à 28 places. Ils sont munis de pneumatiques dès l'origine. Les premiers sont destinés à l'exploitation de liaisons rapides entre les différents centres d'activité de la capitale. Pour la première fois dans l'histoire de l'autobus, le machiniste assure également la vente des billets. Un tarif unique est pratiqué pour réduire le temps de transaction aux points d'arrêt qui sont en nombre réduit. Cinq lignes verront le jour. Mais, trop chers, pris au piège des encombrements, les 50 express commandés ne connaissent pas le succès attendu. Au bout d'un an, ils sont retirés du service parisien et affectés à des lignes de banlieue à faible trafic, où ils rendront de grands services, notamment pour le rabattement vers les lignes de tramways. La ligne AB, Passy – Bourse, disparaîtra la dernière, le 1er janvier 1926.

La dizaine d'autocars mis en exploitation pour le service des courses sur les hippodromes parisiens ou des excursions en région parisienne connaîtront très vite le même sort.

L'exigence de progrès techniques

En 1925, la STCRP exploite 122 lignes de tramway, d'une longueur de 1 110 km, et 72 lignes d'autobus, d'une longueur de 517 km. Le parc des autobus comporte 2 370 voitures qui effectuent annuellement plus de 53 millions de km. Cette année-là, le trafic atteint pour les seuls autobus près de 345 millions de voyageurs. Dans le même temps, ils sont plus de 720 millions à emprunter les tramways.

Compte tenu de l'ampleur grandissante de son trafic, la STCRP envisage la commande de nouveaux autobus. Elle souhaite, en lien avec les constructeurs, définir pour la première fois un véhicule spécialement adapté au transport en commun et non plus dérivé des véhicules poids lourds.

La société définit ainsi une liste de caractéristiques impératives : un embrayage robuste et facile d'entretien, car il est soumis à rude épreuve sur les autobus ; des garnitures de freins spécialement dimensionnées et facilement remplaçables compte tenu des contraintes d'exploitation ; un carburant économique adapté aux moteurs fournis par le constructeur.

C'est ainsi que naîtra le châssis surbaissé de type PN, équipé d'un bloc moteur 4 cylindres développant 45 CV à 1 500 t/min. Le système de freinage est équipé d'un servofrein mécanique amplifiant l'effort du machiniste. 370 exemplaires sont commandés à la Société anonyme des usines Renault. La carrosserie, construite par la STCRP dans ses ateliers, comporte 40 places. Une version de type PY, fabriquée à 23 exemplaires et exploitée avec un seul agent sur les lignes de banlieue à faible trafic, apparaît en 1929.

En 1927, la STCRP adopte un carburant ternaire composé d'un tiers d'essence, d'un tiers d'alcool et d'un tiers de benzol. Ce type de carburant connaîtra une longévité exceptionnelle : il sera utilisé jusqu'à la réforme des autobus Renault TN en 1971. Le dépôt d'hydrocarbures, installé à Saint-Ouen depuis 1912, offre en 1930 une capacité de

PARIS, 1923. Intérieur d'un Schneider H6 de la ligne Madeleine – Bastille. La publicité est omniprésente dans l'espace alloué aux voyageurs. Même le plafond a été utilisé. Les pare-soleils portent encore le monogramme de la CGO.

PUBLICITAS
PUBLICITAS
PUBLICITAS
PUBLICITAS
GLYCODONT
ROI DES DENTIFRICES
PETIT CAFÉ BLANC
HÔTEL
HERA LE PARFUM CHIC HERA
HERA LA REINE DES POUDRES DE RIZ HERA
49
Gustave MERCIER

stockage de 1 500 000 litres, ce qui correspond alors à une réserve d'environ deux semaines de consommation.

L'essor du trafic

Pour l'heure, l'autobus est intégré dans un réseau de surface où il coexiste avec le tramway : à celui-ci sont confiées les liaisons vers la banlieue requérant une grande capacité, à l'autobus, le transport intra-muros ou les liaisons à faible trafic. La STCRP modernise avec vigueur le tram : de 1921 à 1932, 1 006 km de voies sont renouvelés ou construits. Pour couvrir ces dépenses, mais aussi financer l'accroissement du parc d'autobus, le département de la Seine émet un emprunt en livres sterling et en dollars de près de 400 millions de francs. La priorité de ces aménagements reste les liaisons avec la banlieue, car, contrairement à Paris, dont la population se stabilise autour de 3 millions d'habitants, les communes de la périphérie passent de 1,5 à plus de 2 millions d'habitants entre 1921 et 1936.

Ainsi, de 1921 à 1925, pas moins de 14 lignes sont créées : Courbevoie, Saint-Cloud, Bry-sur-Marne, Boulogne, Pavillon-sous-Bois, Noisy-le-Sec et bien d'autres communes sont désormais reliées aux portes ou au centre de Paris par le tramway.

La situation du trafic est florissante : en 1925, le trafic dépasse le milliard de voyageurs, dont plus de 700 millions pour le tramway. La STCRP a accru son trafic de 300 millions de voyageurs en cinq ans ; dans le même temps, le Métropolitain n'en gagne que 100 millions. C'est l'extension rapide et continue de la banlieue qui est la cause majeure de cette évolution.

CARTE POSTALE des années 1930. Sur les plates-formes, il y avait toujours « une toute petite place » pour une élégante…

PAGE DE GAUCHE : PARIS, 1924. Encombrement au carrefour du Châteaudun : autobus Schneider H, tramway automoteur, voiture à cheval et automobiles…

© Collection Philippe Février

La « moulinette »

La STCRP continue son œuvre d'unification des tarifs. Le 19 janvier 1922, une convention est passée avec le préfet de la Seine. Le principe reste la tarification par section, avec un prix de section distinct dans Paris et « hors les murs », et le maintien de deux classes. Une tarification ouvrière est mise en place

UN AOE (APPAREIL OBLITÉRATEUR-ENREGISTREUR) équipe les receveurs de la STCRP à partir de 1928. La « moulinette », comme le surnomment rapidement tant les voyageurs que les agents, restera en service jusqu'en 1965.

avec un ticket aller et retour, utilisable avant 8 h du matin à Paris (7 h en banlieue). Bien entendu, les mutilés et blessés de guerre, si nombreux à l'époque, bénéficient également d'un tarif réduit.

La vente de tickets pour chaque voyage, bien que très lente car nécessitant un échange de monnaie, est maintenue. Très vite cependant, ce système doit être modernisé pour faire face à la hausse du trafic, faciliter le travail accru des receveurs et combattre la fraude. Apparaît donc l'appareil oblitérateur enregistreur, la fameuse « moulinette » ou « moulin à café », qui impose l'uniformisation des sections autour de 3 km. Le principe de cette modification étant accepté par les autorités en 1927, les essais débutent au début de 1929. Concluants, ils permettent une généralisation progressive, qui aboutira à la fin de 1932. Parallèlement, en 1929, la carte hebdomadaire est lancée, puis le carnet de tickets. Ces deux innovations évitent la vente et l'échange de monnaie à chaque voyage.

Voici enfin la description que fait *L'Écho de la STCRP* d'un appareil qui révolutionne le travail des receveurs :

« L'appareil oblitérateur enregistreur, les avantages pour le personnel.

Avec le nouveau système, la planchette à billet et la sacoche sont remplacées par l'appareil oblitérateur enregistreur. De vendeur et de caissier qu'il était de façon permanente, le receveur est donc devenu, pour ainsi dire, un agent pointeur, puisqu'il n'a plus qu'à assurer la vente des carnets de tickets d'un prix uniforme de 5 francs et des tickets à 0,30 F réclamés par les rares voyageurs qui ne consentent pas à utiliser nos carnets. L'appareil permet, au moyen du jeu de divers leviers et molettes, de modifier à volonté et rapidement les indications à imprimer sur les tickets. Ce nouveau système constitue une très grande amélioration dans le travail du personnel de perception et celui-ci ne peut manquer d'apprécier la rapidité avec laquelle il peut effectuer l'oblitération des tickets sur une voiture complète, et notamment la suppression du décompte de la recette en fin de service, ainsi que celle de son versement au caissier du dépôt. »

La disparition du tramway

Les efforts de gestion et la qualité technique des prestations offertes par la STCRP sont salués par les pouvoirs publics. Mais les déficits se creusent : hausse générale des prix, alourdissement des remboursements d'emprunts contractés à l'étranger, hausses des salaires et de la fiscalité, trop faible

© Collection Philippe Février

TROIS AGENTS DE LA STCRP en uniforme, équipés de la moulinette. Photographie issue d'un document interne de la STCRP.

Paris, 1935. Près de la place de l'Opéra, un édicule de la STCRP prodigue renseignements et abri aux voyageurs.

Affichette STCRP, années 1920.
Sur certaines lignes, les voyageurs doivent désormais acheter leur ticket à l'avance pour augmenter la rapidité des liaisons.

progression des tarifs ; une spirale infernale se met en place. La réponse des autorités est rapide : de 1925 à 1927, trois avenants successifs modifient, pour les limiter, les éléments de rémunération de la société. On passe d'une rémunération à la performance à des rémunérations soit forfaitaires, soit plafonnées. Sans pour autant que soit résolu le problème structurel du déficit.

Les autobus évoluent également afin de contrer la concurrence du métro, qui n'est pas affecté par les encombrements. La STCRP mise sur le confort en commandant 117 exemplaires d'une nouvelle série de voitures de type PN. Plus rapides, plus accessibles, avec un châssis surbaissé qui supprime l'emmarchement d'accès à la plate-forme, elles sont également plus confortables, grâce à l'adoption d'emblée du pneumatique.

La question du pneumatique fera d'ailleurs l'objet d'une intense campagne de presse et d'une polémique publique. Si le confort est indéniable, les premiers essais sont calamiteux, la fiabilité du pneu pour le poids lourd n'étant pas encore au rendez-

BILLETTERIE DES LIGNES

1

Exemple de perforation de + 20 c en Ire classe par rapport au prix initial de 15 centimes, soit 35 centimes réels par section.

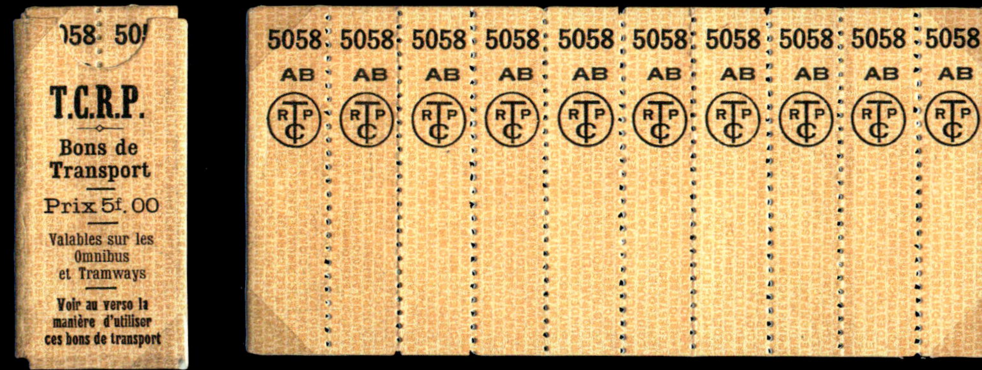

5

Prototype (d'une extrême rareté) d'étui et de tickets-lamelles, non retenu par la compagnie.

2

Jeton de 35 centimes avec l'effigie de l'autobus Schneider H sur l'avers.

3

Le 2 août 1926, la ligne d'autobus indice « BF » remplace à titre définitif le funiculaire de Belleville. Rare billet papier de l'époque.

6

Premier type de carnet de tickets – du 5 décembre 1927 au 16 février 1928. Format 45 x 10 mm, burelage sur deux lamelles, une ou deux lettres de série dans un rond, sigle TCRP, fond uni, perforation aiguille.

LE RÉSEAU AUTOBUS, ENTIÈREMENT SUPPRIMÉ le 2 août 1914, partiellement rétabli dès le 1er juin 1916, est reconstitué en octobre 1921 par la STCRP. Dès 1919, les tarifs subissent des augmentations et les anciens tickets de ligne dont il restait des stocks sont perforés (n° 1). Le manque de monnaie divisionnaire entraîne la frappe de jetons (de 20, 25 et 30 centimes) dits « tickets métalliques », mis en circulation entre 1921 et 1923 (n° 2).
Afin de simplifier les opérations de vente, de contrôle et de réduire la fraude, les receveurs utilisent à partir de décembre 1927 des appareils oblitérateurs-enregistreurs Klein-Massot, dits « moulinette », dans lesquels ils valident des tickets en forme de lamelles (n° 4), achetés à l'avance par les voyageurs en carnets de 20 unités. Dans un premier temps, les tickets sont enveloppés dans une couverture à deux volets et un rabat. L'un des volets est orné d'une photographie en héliogravure représentant un paysage ou un château. La série com-

DU RÉSEAU ROUTIER PARISIEN

8

9

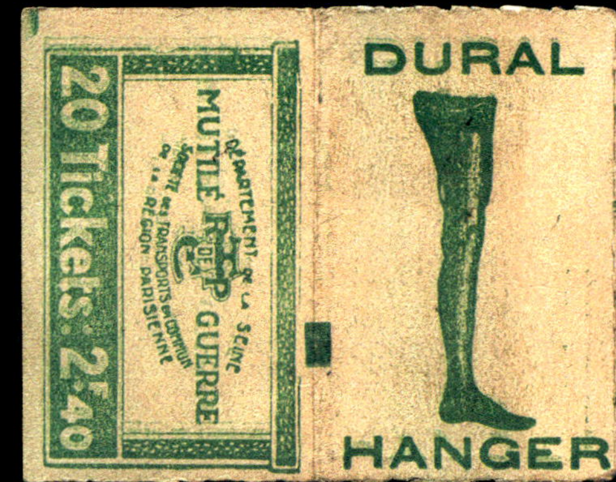

10

n° 8, 9 et 10 :
caractéristiques nouvelles entre 1930 et 1937. Vignette avec branche de gui sur chaque lamelle, frise continue, en bas numéro rouge, lettre de série noire. Couverture : façade de l'Opéra ou publicité (n° 9).

7

12

13

11

14

Numéro d'ordre de distributeur placé sur les potelets d'arrêt. Rare exemplaire avec publicité de 1935.

Carnet de 10 tickets pour 3 F vendu dans deux lignes d'autobus à section unique (Q/AF et BI), 1931.

plète comporte 60 vues différentes (n° 6). Dans un deuxième temps, les couvertures ont trois volets et un rabat et sont illustrées par une collection de 80 portraits en héliogravure des « Grands Hommes de France » (n° 7) réalisés par le célèbre photographe Félix Nadar.

Par arrêté du préfet de la Seine du 26 décembre 1929, les services ouvriers sont étendus à toutes les lignes d'omnibus-automobiles.
Les cartes ouvrières hebdomadaires de réseau peuvent être utilisées chaque jour sur une ligne différente. Les tickets sont acceptés sur tout le réseau des TCRP (n° 13). En 1937 un ticket de 3 F au décor de branche de gui et au monogramme TCRP est mis en service. Son format (50 mm de haut et 20 mm de large) est l'équivalent de deux lamelles (n° 12).

vous. Les crevaisons sont légion, perturbant l'exploitation et générant des coûts de maintenance très importants. À titre expérimental, l'équipement de tout un dépôt est néanmoins décidé en 1927, avant que la STCRP ne décide finalement en 1929 d'équiper tout le parc.

La souplesse du bus et ce nouveau confort engendré par les évolutions techniques fera cependant très vite une victime d'importance : le tramway. Après l'avoir exclu du centre de Paris dès 1921, l'administration préfectorale et le Comité consultatif des transports parisiens préconisent en 1927 un plan de coordination des transports dans lequel on évoque pour la première fois la fusion entre le métro, sous tutelle de la Ville, les transports de surface, sous tutelle du département de la Seine, et les chemins de fer de banlieue, sous tutelle de l'État. Dans ce plan, il n'y a pas de place pour le tramway, dont la suppression dans le périmètre formé par les anciens boulevards extérieurs est proposée.

En 1930, le département résilie la convention d'affermage avec la STCRP dans la perspective de mise en œuvre du plan de coordination des transports. Mais l'accord ne se fait pas entre les trois autorités de tutelle. Le département, tenu par des délais légaux, se résigne à renouveler la convention avec la STCRP tout en réduisant ses avantages. Du plan de 1927, une seule chose demeure : la suppression des tramways.

Dès la décision prise, la substitution se fait rapidement. En 1930, circulent 3 138 tramways et 1 733 autobus ; en 1937, on ne compte plus que 7 tramways pour 4 067 autobus.

1937 marque d'ailleurs l'année d'extension maximum du réseau des autobus. Ceux-ci parcourent 186 772 284 km sur 215 lignes d'une longueur totale de 1 889,220 km. Mais le réseau de bus n'arrive pas à compenser entièrement la perte de trafic liée à la disparition des tramways. En 1937, la STCRP a transporté 890 millions de voyageurs, alors qu'elle transportait plus d'un million de voyageurs dans les années 1920. Cette stagnation s'explique en grande partie par la concurrence avec le métro, qui transporte en 1937 plus de 840 millions de voyageurs.

Conséquence également de l'essor de l'autobus, le chemin de fer de la petite ceinture cesse son exploitation en 1933. En effet, l'intervalle de 20 minutes entre les trains est avantageusement remplacé par une desserte bien plus fréquente en autobus.

La famille des TN

Pour cette grande opération de remplacement du tramway par le bus, la STCRP commande à Renault et Panhard 470 véhicules TN 4 A, qui circulent à partir du 25 août 1931. Équipés d'un moteur 4 cylindres développant 58 CV à 1 640 t/mn, ils permettent une vitesse maximum de 40 km/h. Toutefois, ce moteur puissant est rapidement victime de nombreuses avaries. C'est pourquoi la décision est prise en 1936 de remplacer tous les moteurs TN 4 A par le moteur du TN 4 F sorti en 1935. Les autobus offrent alors une capacité de 50 places, dont 17 en 1re classe, 16 en 2e classe assise et 17 debout.

Une version banlieue à un seul agent est également créée. Elle comporte une plate-forme fermée à l'arrière. La marquise avant recouvre une cabine machinistes vitrée, la voiture étant ainsi entièrement close. La montée et la descente des voyageurs s'effectuent par deux portes à commande pneumatique situées sur le côté droit de la voiture, à l'avant.

À partir de 1932, pour tenir compte du déclassement des nombreuses lignes de tramway, 770 châssis équipés de moteurs à 6 cylindres, plus puissants (les TN 6) sont commandés à Renault. Ce moteur développe 67 CV à 1 470 t/mn, voire jusqu'à 100 CV avec des réglages spéciaux. Souple, il permet de bonnes reprises. Deux types A sont commandés : le « Paris », d'une capacité de 50 places (17 premières, 33 secondes), et le « banlieue », qui comporte 57 places dont 24 assises en classe unique.

Publicité Michelin, 1924, qui fait la promotion des pneumatiques pour les autobus sur un ton décalé…

Page de gauche : Paris, années 1930. Des usagers autour d'un distributeur de billets d'ordre Arnoult installé place de l'Opéra.

CHOCOLAT
L'OASIS
Porte d'AUTEUIL
1469
AUTEUIL
PL. VOLTAIRE
12
2457

Les améliorations techniques

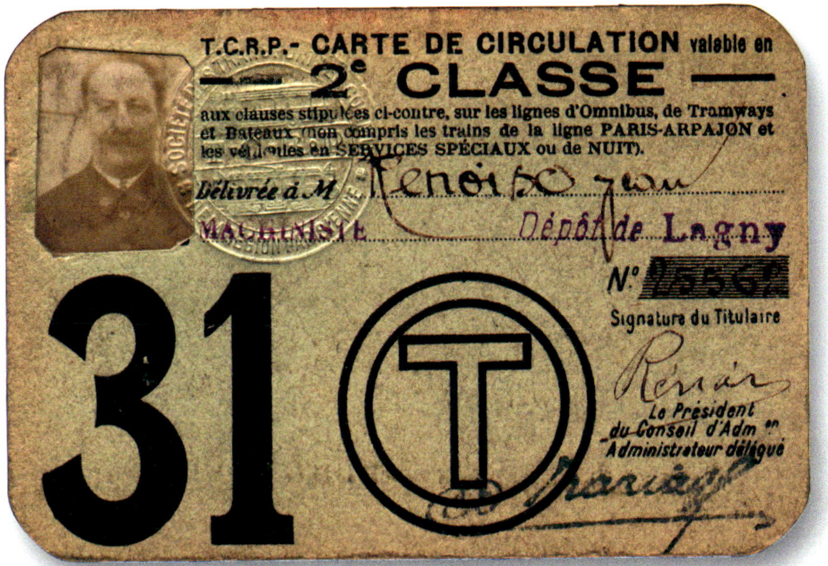

Paris, 1931. Carte de circulation de 2e classe délivrée à M. Jean Renoix, machiniste de la STCRP attaché au dépôt de Lagny. La carte porte la signature du président André Mariage.

Page de gauche : Paris, 1936. L'un des premiers autobus Renault TN 4 H (à droite sur la photo). Au centre, un autobus Renault TN 6 C2 à la plate-forme très chargée.

En 1934, sont mis en service 300 exemplaires de TN 6 C et TN 4 C, qui diffèrent de leurs prédécesseurs par de nombreuses améliorations techniques. Cinquante K 63 sont également commandés à Panhard. Leur moteur, qui diffère très sensiblement de celui des Renault, est un 4 cylindres développant 65 CV à 1 500 t/mn. La carrosserie accueille 50 places. Enfin, 285 exemplaires du TN 4 F et 65 du K 63 B sont mis en exploitation en 1935. Ils ne diffèrent que très peu des séries précédentes.

Un prototype de trolleybus est également réalisé en 1936 à partir d'un châssis TN 6 C. Cette voiture, d'un poids à vide prohibitif compte tenu de la présence de deux moteurs électriques, ne dépasse pas le stade des essais. Il faudra attendre la guerre et la pénurie d'énergie qu'elle occasionnera pour voir un trolleybus rouler en région parisienne.

Pour remplacer les derniers tramways et les voitures de type H qui arrivent en fin de vie, 970 châssis du type TN 4 H sont commandés aux usines Renault et 220 châssis du type K 63 C et K 63 D aux usines Panhard. Tous les châssis sont munis de carrosseries d'un modèle identique mais qui diffère de celui des précédentes séries. Elles sont mises en service à partir de mars 1936. Elles ont été

Plaque de la Société des transports en commun de la région parisienne (STCRP) telle qu'elle figurait sur le radiateur des autobus Renault PN et PY.

Page de droite : Suresnes, 1938. Deux autobus Panhard type « banlieue » à entrée latérale de la ligne 44 A se croisent dans une rue étroite.

étudiées et réalisées en vue d'améliorer le confort des voyageurs avec, en particulier, une augmentation de la souplesse de la suspension, une réduction de la capacité de la plate-forme arrière, ce qui permet d'augmenter en contrepartie le nombre de places assises, ou encore le montage de sièges munis de coussins élastiques… Cet effort de commande sans précédent – 1 940 voitures mises en service en quatre ans – permet, à partir de 1937, de se passer des tramways.

L'adaptation des dépôts et du personnel

Avec la disparition du tramway, les dépôts vont être transformés pour être dédiés au bus. Ainsi passent du tram au bus : Mozart en 1930, Puteaux et Le Hainaut en 1931, Ivry et Michelet en 1933, Flandres, Lagny, Les Lilas, La Maltournée, Saint Maur et Le Point du Jour en 1934, Charlebourg, Gonesse, Asnières, en 1935, et enfin Montrouge en 1936.

Il faut également former le personnel tant pour la conduite que pour l'entretien. De 1921 à 1939, le nombre moyen d'employés de la STCRP atteint les 27 000 personnes, concentrées sur Paris et la proche banlieue. La STCRP est donc un des plus importants employeurs de la capitale. Les personnels en contact avec la clientèle, machinistes et receveurs comptent pour 40 à 60 % de l'effectif selon les époques. Ils sont généralement appréciés des voyageurs.

Les femmes ont une présence discrète, puisqu'à aucun moment elles n'ont dépassé 10 % de l'effectif total. Cet effectif sera paradoxalement à son point le plus faible en 1940, lorsqu'elles ne représentent plus que 4,2 % du personnel. À cette date, sur les 1 176 femmes présentes dans la société, 839 sont receveuses, soit 71 % d'entre elles. Il semble que lorsque les conditions économiques nécessitent un ajustement du personnel, on propose prioritairement aux femmes de quitter la société.

Des avancées sociales

Sur un plan général, les conditions d'emploi sont supérieures à celles pratiquées dans le secteur industriel : grand nombre de journées de congé, vêtements de travail fournis par la société, circulation gratuite sur les véhicules de la compagnie et congé maladie avec versement intégral du salaire pendant 365 jours si l'état de santé le requiert.

Par ailleurs, la vie associative est stimulée par le développement des loisirs avec la création du CST (Comité sportif des transports), d'origine syndicale, et de l'AST (Association sportive des transports), d'origine patronale. Cette dualité voit fleurir de nombreux événements tant sportifs (football, rugby…) que culturels (photographie ou radiotélégraphie). L'entraide et la solidarité ne se limitent pas au sport ou à la culture. Les sociétés de secours mutuel, généralement créées et administrées par les agents, sont également une caractéristique de la STCRP. En 1934, la « Fraternelle », la plus importante société de secours de la STCRP, compte près de 6 000 agents. La société se préoccupe également de la santé de ses apprentis.

Ces formes d'organisation interne, dépassant largement le cadre du travail salarié, semblent limiter la participation des agents de la STCRP aux mouvements sociaux et politiques très durs qui

44a
SURESNES
3918
HUILES RENAULT
HUILES RENAULT
ALIMENTATION
VOLAILLES-G

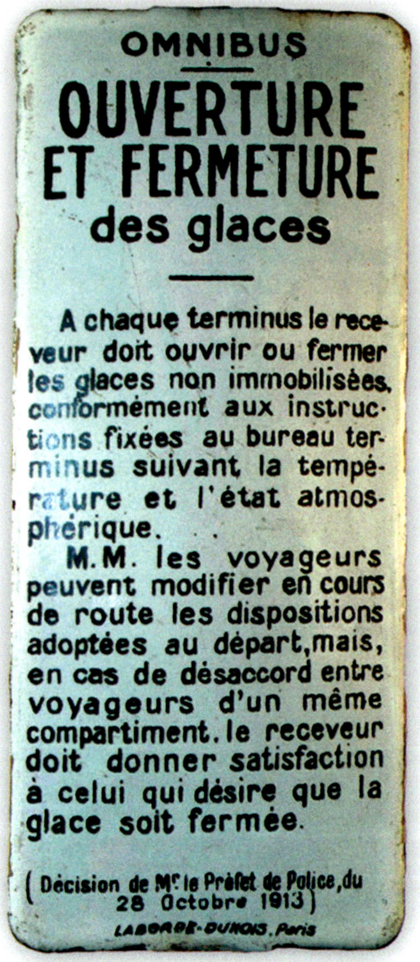

agitent la société française à partir de 1930. Le statut particulier et l'organisation spécifique de la société de transport maintiennent un cadre protecteur qui tient les salariés en retrait du mouvement général.

Toutefois, ce régime très avantageux n'empêche pas de nombreux licenciements ou départs à la retraite anticipée lorsque la situation économique l'impose. En 1934, par exemple, l'administration préfectorale, poursuivant ses efforts d'économie, propose au Conseil général de la Seine la suppression de 35 lignes non rentables et la suppression des services de bateaux sur la Seine. Ces mesures sont adoptées et mises en œuvre immédiatement.

Vers une organisation unique des transports en région parisienne

Le Front populaire a promis aux électeurs d'assurer « le pain, la paix, la liberté ». Il arrive au pouvoir à l'occasion des élections législatives de mai 1936. Il dispose à la Chambre de 378 députés contre 241 à l'opposition.

Porteur des espoirs de la population, le gouvernement Blum préside à la signature des accords de Matignon qui permettent l'instauration de la semaine de 40 heures, des congés payés, et l'augmentation des salaires.

À la STCRP, la semaine de 40 heures est effectivement appliquée en avril 1937. Elle nécessite l'embauche de 3 600 agents titulaires et de 600 à 700 employés temporaires. Mais l'euphorie ne dure pas, car ces mesures creusent dramatiquement le déficit. Les mesures techniques et économiques se succèdent sans permettre ni au Département, tutelle officielle des transports de surface, ni à la STCRP de rétablir un équilibre d'exploitation pourtant indispensable. Ce thème deviendra un leitmotiv lancinant jusqu'à la guerre.

PARIS, RUE DE RIVOLI, 1937. Grève des ouvriers des chantiers de l'Exposition des arts et techniques. Du 25 mai au 25 novembre 1937, l'exposition attire plus de 31 millions de visiteurs : les transports supplémentaires effectués par la STCRP à cette occasion se soldent par un bénéfice de 17 millions de francs. En arrière-plan, un autobus Renault TN 4 ou TN 6.

Page de gauche : PLAQUE ÉMAILLÉE posée à l'intérieur d'un autobus Renault TN 4 et régissant l'ouverture et la fermeture des glaces.

Devant les mesures impopulaires qu'aucune assemblée délibérante ne veut prendre, le gouvernement décide d'agir par décret-loi : le 12 novembre 1938, il définit les nouvelles règles de la coordination et de l'unification des transports parisiens et, pour réaliser l'équilibre financier, propose une nouvelle hausse des tarifs de 33 % en trois étapes. Conséquence de cette augmentation du prix du ticket, le trafic chute de 15 % à 40 % selon les lignes.

Le Comité de coordination des transports créé à cette occasion donne la majorité absolue aux représentants de l'État, qui disposent de 8 voix sur 14. Le décret-loi prévoit également à terme une organisation unique des transports en région parisienne.

Ce comité des transports parisiens tient sa première séance le 12 janvier 1939. Il manifeste sa volonté d'aboutir à des résultats concrets. Des suppressions ou réorganisations de lignes permettent d'envisager 11,2 millions de francs d'économies annuelles.

Toutefois, les mesures les plus rigoureuses concernent le personnel, dont la durée de travail est portée par décret du 31 décembre 1938 de 40 à 42 heures. Le 7 juin 1939, un décret rend légal la semaine de 45 heures. Puis, le décret de guerre du 1er septembre 1939 impose la semaine de 60 heures.

Le 2 septembre 1939, la mobilisation générale est décrétée. L'exploitation des lignes d'autobus est suspendue dans Paris, à l'exception de 7 d'entre elles. Le service de banlieue est, quant à lui, maintenu jusqu'à 20 h 30.

Un comité est chargé d'établir un plan de transport réduit prenant en compte les 1 450 bus réquisitionnés par l'armée. Il limite à 106 le nombre total des lignes d'autobus. C'est dans ces conditions que fonctionnent les transports parisiens jusqu'à l'offensive allemande de mai 1940. S'ouvre alors une page sombre de l'histoire de l'autobus parisien.

39
GENNEVILLIERS 2703
39 GENNEVILLIERS
Asnieres
Clichy

CHAPITRE IV

1939-1948

Les années de pénurie

Le conflit mondial surprend les transports parisiens en pleine réorganisation. Si les lignes peuvent être exploitées en service réduit pendant la « drôle de guerre » entre septembre 1939 et mai 1940, l'invasion allemande entraîne un arrêt brutal de l'exploitation. Cependant, les carburants de remplacement permettent un redémarrage progressif. Durant les quatre années d'occupation, l'autobus partage le sort des Français, forcés de parer aux nombreuses difficultés du quotidien.

Août 1940.
Autobus à gaz de ville Renault TN 4 F de la ligne Porte de Clichy – Gennevilliers. Le prototype a été réalisé aux ateliers de Championnet et la ligne 39 fut la première à être équipée d'autobus à gaz. Dans les mois suivants, près de 500 autobus seront équipés selon le même principe. Ils permettront d'exploiter, en ces temps de pénurie généralisée, 44 lignes.

Lorsqu'elle est créée en 1921, la STCRP reprend la charge de la préparation d'unités de transport de personnel pour le besoin des armées en campagne. Par convention entre la société et l'armée, il est prévu la mise sur pied de guerre immédiate de 18 compagnies de transport composées de 80 autobus chacune, et la fourniture des lots de bord et d'entretien nécessaires.

En septembre 1938, au moment de la crise tchécoslovaque, la tension internationale est à son comble. Le 23 septembre, le gouvernement français procède à une mobilisation partielle des réservistes (un million d'hommes environ). Deux jours après, les 6 compagnies de transport constituées d'autobus réquisitionnés et de leur personnel touchent leurs armements, munitions, cuisines roulantes, taxis de réquisition, motos de liaison… Elles se concentrent dans le Nord, prêtes à intervenir. Alors que la crise est provisoirement résolue avec la signature des accords de Munich, le haut commandement décide de garder à sa disposition les unités ainsi

C
RENAULT
72
4617-RL5

constituées, en vue d'étudier leurs possibilités d'utilisation. Les 6 compagnies font mouvement à vide vers la région de Briey en Meurthe-et-Moselle, où elles embarquent pour ramener dans leur cantonnement plusieurs des régiments qui avaient pris position en couverture devant la ligne Maginot. Ces exercices se déroulent à la pleine satisfaction des autorités militaires.

Le 5 octobre 1938, les 6 compagnies rejoignent leurs dépôts. Forte des enseignements de cet exercice en grandeur réelle, l'armée décide que la STCRP conservera dans chaque dépôt tout l'équipement nécessaire au personnel mobilisé. Seules les armes restent détenues par l'armée.

La guerre

Le 1er septembre 1939, l'Allemagne nazie envahit la Pologne. Le gouvernement français décide alors la mobilisation générale, décrétée par le président de la République et mise en place le 2 septembre. Le même jour, Parlement, Sénat et Chambre des députés votent à l'unanimité les crédits militaires. La Seconde Guerre mondiale vient de débuter.

Dès le 23 août 1939, l'ordre de réquisition de son matériel est notifié à la STCRP. Il comporte la mise sur pied de 9 groupes de transport de personnel par les soins du centre de mobilisation du train, soit 18 compagnies, représentant 1 450 véhicules, 4 500 hommes et 110 officiers.

Grâce à l'expérience de l'année précédente, cette mise sur pied s'effectue dans le plus grand calme mais surtout en un temps record : 36 heures après l'ordre donné, les unités bien équipées font mouvement vers la frontière, où elles sont mises à la disposition des divisions d'infanterie.

Pendant huit jours, les groupes de transport font l'aller-retour quotidien depuis les gares parisiennes vers les lignes avancées, montant une à une les divisions, dès qu'elles sont débarquées. La STCRP prête également son concours à l'évacuation des populations civiles. Ces services, qui nécessitent jusqu'à 700 autobus par jour, permettent d'acheminer près de 56 000 personnes vers les gares de Paris.

PAGE DE GAUCHE : PARIS, PRINTEMPS 1940.
Quelques semaines avant le début de l'Occupation, un Renault TN 4 HP en circulation sur les Champs-Élysées.

PARIS, 1940. Un autobus Renault TN 6 C2 à son point d'arrêt Château de Vincennes. Le TN 6 C2 ne différait du TN 6 A2 que par quelques détails : des roues à jantes amovibles boulonnées (système Zipper – roues « type artillerie ») au lieu de jantes à voile plein, ainsi qu'un pare-brise enveloppant davantage le haut du capot.

Panhard K 63 C

Le moteur sans soupapes conçu par Panhard est nettement plus silencieux que celui des Renault. Il nécessite en revanche un entretien plus délicat. La vitesse de pointe du K 63 s'avère insuffisante et l'autobus manque de puissance dans les côtes. Pendant la Seconde Guerre mondiale, les K 63 C et D ont tous été retirés, la fragilité de leur équipement moteur n'ayant pas permis de les transformer pour la marche au gazogène ou au gaz de ville.

- Mise en circulation : 1934
- Nombre de bus mis en service : 60 (K 63 C) et 160 (K 63 D)
- Retrait : 1955
- Carburant : essence
- Moteur : ISK4F11 (4 cylindres)
- Puissance : 66,5 CV à 1 260 t/mn
- Vitesse maximale : 35 km/h
- Longueur : 9,82 m
- Largeur : 2,35 m
- Hauteur : 3,14 m
- Places assises : 33 (17 en 1re classe et 16 en 2e classe)
- Places debout : 17 en 2e classe
- Poids à vide : 7,4 t
- Poids en charge : 10,8 t

Renault TN 4 H

En 1936, pour faire face au parachèvement de la suppression totale des tramways, au trafic attendu pour l'Exposition universelle de 1937 et à la nécessité de remplacer les autobus Schneider de type H roulant encore, la STCRP passe commande aux usines Renault de 970 autobus TN 4 H. Les châssis Renault seront carrossés par la STCRP, le MGT (Millon-Guiet-Tubauto) ou CIV (Carrosserie industrielle de Versailles).

- Mise en circulation : 1936
- Nombre de bus mis en service : 970
- Retrait : janvier 1971
- Carburant : ternaire (essence, alcool, benzol)
- Moteur : 4 cylindres
- Puissance : 58 CV à 1 640 t/mn
- Vitesse maximale : 45 km/h
- Longueur : 9,75 m
- Largeur : 2,415 m
- Hauteur : 2,917 m
- Places assises : 41 (17 en 1re classe et 24 en 2e classe)
- Places debout : 9
- Poids à vide : 7,45 t
- Poids en charge : 10,8 t

Chausson APH 47

Après la Libération, la CMP passe commande de plusieurs séries d'autocars destinés à la remise en service des grandes lignes de banlieue. En 1947, les usines Chausson livrent au réseau parisien une première série de 18 véhicules de type APH 47. Ils entrent en service sur la ligne 285 (Savigny-sur-Orge – Porte d'Italie). 32 exemplaires identiques sont livrés en 1948 (APH 48).

- Mise en circulation : 24 juin 1947
- Nombre de bus mis en service : 50
- Retrait : 1969
- Carburant : diesel
- Moteur : Panhard 4 HL à 4 cylindres
- Puissance : 80 CV à 2 000 t/mn
- Vitesse maximale : 53 km/h
- Longueur : 10,438 m
- Largeur : 2,5 m
- Hauteur : 2,812 m
- Places assises : 45
- Places debout : 19
- Poids à vide : 6,65 t
- Poids en charge : 10,88 t

Renault TN 6 à gaz de ville

La guerre oblige les transports parisiens à recourir aux carburants alternatifs (gazogène, gaz de ville). Pour ce TN 6 modifié, le gaz de ville est logé (non comprimé) dans un ballon en toile caoutchoutée de 18 à 20 m³, logé dans un compartiment placé sur le toit. Cette quantité de gaz permet de parcourir environ une vingtaine de kilomètres sans recharge, c'est-à-dire un aller-retour sur la majorité des lignes.

- Mise en circulation : juillet 1940
- Nombre de bus mis en service : environ 500 équipés
- Retrait : 1945
- Carburant : gaz de ville
- Moteur : 6 cylindres
- Puissance : 67 CV à 1 470 t/mn
- Vitesse maximale : 40 km/h
- Longueur : 9,5 m
- Largeur : 2,415 m
- Hauteur : 4,1 m
- Places assises : 33 (17 en 1re classe et 16 en 2e) pour le type « Paris » ; 24 pour le type « banlieue »
- Places debout : 17 en 2e classe pour le type « Paris » ; 33 pour le type « banlieue »

L'exploitation du réseau parisien a été gravement affectée par les réquisitions. Un réseau réduit est défini en accord avec le Comité des transports parisiens. Il comprend 106 lignes et 1 075 voitures. Ce réseau est progressivement amélioré pour atteindre 111 lignes et 1 345 voitures en mai 1940.

Comme en 1914, ateliers et dépôts sont orientés vers la production de guerre. Ainsi, l'atelier central procède à des fabrications d'affûts pour des pièces de DCA et transforme des véhicules en camions ateliers et voitures destinées au ravitaillement.

L'invasion allemande

Le 10 mai 1940, 136 divisions allemandes, dont 10 blindées appuyées par une aviation puissante se mettent en marche. Les Allemands ne s'arrêteront qu'avec l'armistice, signé le 22 juin à Rethondes dans le célèbre wagon où, le 11 novembre 1918, un tout autre armistice avait été signé.

Le 13 juin, la veille de l'entrée des Allemands dans Paris, ordre est donné d'évacuer le matériel, le personnel ainsi que le plus possible d'approvisionnement. La STCRP va mettre à l'abri les 1 269 autobus que les réquisitions de l'armée lui ont laissé. Le 17 juin, le maréchal Pétain, nouveau Président du conseil, prononce une allocution radiodiffusée douloureuse : « C'est le cœur serré que je vous dis aujourd'hui qu'il faut cesser le combat. » Le lendemain, un décret proclame « ville ouverte » toute agglomération de plus de 20 000 habitants. Des millions de familles désemparées tentent de fuir l'avancée des Allemands. Les routes sont dramatiquement encombrées, les véhicules civils se mêlent aux autobus et autres voitures à bras.

Après l'armistice, les bus participeront à la remise en route du réseau routier, notamment en banlieue, qui en a le plus urgent besoin. Dès le début du mois de juillet 1940, certaines lignes d'autobus sont remises en service. Toutefois, il est signifié à la STCRP qu'aucune aide ne lui sera accordée en matière de carburant. Or, avant-guerre, la consommation des 3 496 autobus dépassait les 300 000 l de gazoil et d'essence par jour. Devant la pénurie, il est impératif que les ingénieurs de la SCRTP trouvent des solutions alternatives.

Face aux pénuries

Puisant dans le portefeuille d'essais qu'elle a fait réaliser avant la guerre, la STCRP retient trois solu-

PAGE DE GAUCHE : PICARDIE, JUIN 1940. Après un bombardement de la Luftwaffe, un membre de la Défense passive tente courageusement de sauver ce qui peut encore l'être d'un Panhard K 63.

PARIS, DÉCEMBRE 1940. Dans un dépôt, allumage d'un gazogène à l'aide du moteur d'une autre voiture.

PARIS, 1940.
Un Renault TN 4 F alimenté au gaz de ville. Le carénage disposé sur la toiture sert de protection au ballon de gaz contre les intempéries.
Il est constitué par une ossature en bois de chêne et de frêne, recouverte de plaques en isorel, qui donne aux autobus à gaz une allure si particulière.

tions thermiques, parmi les plus rapides à mettre en œuvre : le gaz de ville, l'alcool éthylique, le gazogène. Les trolleybus présentent une solution intéressante. Cependant, la complexité d'installation de la câblerie ne permettra pas d'ouvrir plus de deux lignes, 63 et 64, au début de 1943.

Pour le gaz, la solution choisie sera d'éviter la compression, car la fabrication des bouteilles et de la robinetterie est impensable dans le contexte de pénurie généralisée. La STCRP choisit alors d'installer des ballons en toile caoutchoutée de 18 à 20 m³ sur le toit de l'autobus. L'autonomie de chaque bus est ainsi limitée à un seul aller-retour. Il faut donc équiper l'un des terminus – ou les deux pour les lignes les plus longues – de postes de chargement. Deux autobus, remisés à Clermont-Ferrand, sont rapatriés sur l'atelier de Championnet le 14 juillet 1940, et transformés en moins d'un mois. Ils sont mis en service d'essai le 15 août 1940 sur la ligne 39.

Le moteur supporte ce carburant sans grande modification. Le taux de compression de 6,4 est identique à celui des moteurs classiques. La principale transformation subie par le moteur est le remplacement du carburateur à essence par un mélangeur à gaz. Comme cet appareil n'existe pas sur le marché, la STCRP le conçoit et le réalise dans des délais très brefs.

Ainsi, fin décembre 1940, 200 autobus roulent sur 16 lignes alimentées par 18 postes de chargement. En juin 1941, on compte 400 autobus transformés sur 30 lignes, avec 40 postes de chargement. Durant le premier semestre 1942, le parc des autobus à gaz atteint 500 véhicules.

En quatre ans, les autobus alimentés au gaz parcourent 60 millions de km avec une consommation moyenne de 920 l de gaz au km par voiture. Aucun incident notable ne sera constaté pendant cette durée d'utilisation. Par ailleurs, la dépense kilométrique de carburant diminuera de près de 60 %, ce qui permet d'amortir en moins d'un an les frais de transformation des autobus. L'occupant lui-même s'intéresse à ces résultats. Après avoir exigé la livraison des plans, il équipera plus de 1 800 voitures dans plusieurs villes allemandes.

L'alcool éthylique

Les 1,2 millions de m³ de gaz de ville alloués mensuellement à la STCRP ne permettent d'alimenter que

500 autobus. Il faut donc faire appel à une deuxième source de carburant de remplacement : l'alcool éthylique. Son utilisation pose des problèmes, notamment lors de la mise en route du moteur. De plus, l'alcool se vaporise difficilement, surtout à faible régime. L'adaptation des autobus à ce carburant, commencé en octobre 1940, est poursuivie très rapidement. Dès la fin de 1940, 274 autobus fonctionnent à l'alcool éthylique. Cependant, en 1943, la pénurie d'alcool ne permet plus leur circulation. Il faudra attendre 1945 pour les revoir en circulation. Ils représentent alors 95 % du parc.

Le « gazogène »

On estime à l'époque que trois à quatre kilos de bois peuvent remplacer un litre d'essence. Un programme initial de 300 autobus à gazogène est prévu, dont 120 autobus équipés avec des gazogènes à bois et 180 à charbon de bois. Cependant le gazogène présente de nombreux inconvénients :
- perte de puissance de 30 % environ ;
- difficulté de mise en route ;
- augmentation du poids des bus (d'environ 8 %) ;
- rayon d'action limité à 80 km ;
- entretien journalier très important.

Malgré toutes ces contraintes, les gazogènes permettent d'augmenter le parc des autobus et pendant cette période critique, cette solution ne peut être négligée. On estime que les bus à « gazogène » ont parcouru 18 millions de km, soit 15 % des trajets des autobus pendant l'Occupation.

La configuration du réseau varie en fonction des pénuries de carburant, de pièces détachées et de pneumatiques.

Porte d'Orléans, septembre 1943.
Un Renault TN 6 A à gazogène au terminus de la ligne 125. Malgré tous les efforts des concepteurs, les gazogènes appliqués aux transports urbains présentent certains inconvénients : perte de puissance de 30 %, difficulté de mise en route, autonomie limitée de 50 à 80 km…

Au 1er décembre 1940, 44 lignes sont exploitées par 500 voitures. En novembre 1941, le réseau est porté à 48 lignes et 635 voitures. Mais, dès l'hiver 1942, les difficultés d'approvisionnement conduisent à le réduire de nouveau à 44 lignes exploitées par 511 autobus.

Une réorganisation administrative

La situation précaire des transports parisiens conduit l'État français à prendre des mesures autoritaires. Par une loi du 20 septembre 1940, le secrétaire d'État aux communications est habilité à prendre toute décision concernant la contexture des réseaux, les conditions techniques d'exploitation, les tarifs, les horaires, les

budgets et les programmes de travaux. Les dépenses décidées dans le cadre de cette coordination sont couvertes par une subvention de l'État au budget du département de la Seine et de la Ville de Paris. Le secrétaire d'État aux communications est assisté par le Conseil des transports parisiens, qui remplace le comité créé en 1938. La loi du 26 juin 1941, décide que l'exploitation du réseau métropolitain et celle du réseau départemental de tramways et d'omnibus automobiles seront fusionnés à partir du 1er janvier 1942. Par convention, l'exploitation du réseau de surface est confiée à la CMP. Les chemins de fer de banlieue exploités par la SNCF restent en dehors de cette convention.

Toutefois, les difficultés liées à l'Occupation sont telles que la fusion ne sera pas effective. Seule la tarification est harmonisée par le Conseil des transports parisiens, y compris sur les lignes de banlieue de la SNCF. Tous les tarifs sont alors déterminés en fonction d'un modèle U. Le tarif normal d'une section d'autobus coûte 1 U. La 1re classe est alors supprimée sur les autobus. Le billet de métro au tarif normal coûte 2 U et le billet de 1re classe 3 U. La carte hebdomadaire, valable pour douze voyages sur le métro ou sur deux sections d'autobus coûte 16 U. La nouvelle tarification est mise en application le 4 août 1941.

Ainsi, le réseau de surface dorénavant fusionné avec le métro subsistera jusqu'à la libération de Paris. Seule nouveauté, la création de deux lignes de trolleybus : le 8 janvier 1943, la ligne 63 du Petit Colombes à la Porte de Champerret et le 6 septembre de la même année, la ligne 64 de Colombes à la Porte de Champerret.

La Libération

Le 17 août 1944, la grève générale des transports lancée par le personnel de la CMP, après le mouvement de la police lancé le 15 août, est un signal de la participation de la population de Paris à la libération de la capitale. Un défilé est organisé rue de Rivoli à partir de la station de métro Saint-Paul jusqu'à l'Hôtel de Ville pour défier l'occupant. Pendant toute cette période, les groupes de résistants des transports serviront de colonne vertébrale à l'insurrection de la capitale. Ils permettront notamment, par le métro, de ravitailler les points de résistance et de renseigner sur les mouvements allemands par le réseau téléphonique autonome qu'ils contrôlent.

Actions modestes ou actions d'éclat, les personnels des transports participent à la libération de la capitale. Ainsi, l'acte de résistance rapporté dans le livre de Dominique Lapierre et Larry Collins *Paris brûle-t-il ?* : le 15 août 1944, alors que la Gestapo fait partir les derniers convois pour la déportation de Fresnes, de Romainville et de Drancy, le départ est entravé à Drancy. Tous les carburateurs des autobus réquisitionnés pour emmener les prisonniers à la gare ont été démontés !

Les 16 et 17 juillet 1942, malheureusement, le rapport de forces n'était pas le même et les agents de la CMP n'ont rien pu faire lorsque, du jour au lendemain, leurs bus ont été réquisitionnés par la préfecture de Police aux ordres de l'autorité allemande pour participer à la rafle de 12 284 personnes de confession juive.

Dès le 28 août 1944, l'exploitation du réseau de surface reprend progressivement. Priorité est donnée à la banlieue, privée de tout transport en commun (alors que Paris dispose du métro) et au ravitaillement en nourriture de la capitale. Il faut attendre le 5 novembre 1945 pour que les Parisiens voient à nouveau des autobus circuler : il s'agit de la ligne 26 (Gare Saint-Lazare – Porte de Vincennes), et du PC sur les boulevards des Maréchaux.

Le 3 janvier 1945, René Claudon, inspecteur général des ponts et chaussées, est nommé administrateur provisoire de la CMP. Il prend la place du président-directeur général et du directeur général du réseau d'autobus, tous deux écartés par la commission régionale d'épuration.

L'administrateur est assisté d'une commission consultative, comprenant des représentants des ministères, du Comité parisien de libération et des personnels. Il entreprend tout d'abord le rapatriement des voitures dispersées. Ce retour est très lent.

Paris, 16 et 17 juillet 1942.
La police parisienne procède à « la rafle du Vel' d'Hiv' » avec des autobus de la CMP réquisitionnés sur ordre de l'occupant.

Page de gauche : septembre 1943.
Un Renault TN 6 C 2 à gaz de ville en charge à Nogent. Le diamètre de la tuyauterie (100 mm) permettait une charge moyenne de 12 m³ de gaz en 2 minutes environ.

16
2836
21
SERVICE SPECIAL
20
19
RAPATRIES
MINISTERE DES PRISONNIERS DEPORTES ET REFUGIES

Il faudra quatre ans pour en retrouver 1 212, dont 500 seulement en état de marche. Les recherches s'étendront à toute l'Europe : 95 sont récupérés en Allemagne et en Autriche, 47 en Belgique, 1 en Hollande, 2 en Tchécoslovaquie… Leur remise en état est rendue difficile par la pénurie de matériaux mais également par le très mauvais état de l'atelier central, détruit aux deux tiers par un bombardement, le 21 avril 1944.

Pour pallier les défaillances du réseau de surface, l'Administration provisoire décide alors de le coordonner étroitement avec le métro. Deux zones, à caractéristiques de trafic différentes, sont établies :

– une zone urbaine à forte densité de population, délimitée approximativement par les terminus du métro ;

– une zone de banlieue périphérique, où les lignes radiales doivent aboutir au terminus du

PAGE DE GAUCHE :
Le Bourget, 19 juin 1945. Des Renault TN 6 pavoisés aux couleurs de la République, affectés pour le rapatriement des prisonniers par le ministère des Prisonniers, des Déportés et des Réfugiés.

LEUTKIRCH IM ALLGÄU (BADE-WÜRTEMBERG, ALLEMAGNE), OCTOBRE 1945.
La récupération du matériel roulant à travers l'Europe fut longue…
Un Renault TN 4 B est ici extrait d'un fossé. Il ne reste plus qu'à le transporter vers Paris, où il sera certainement réparé et réutilisé.

OGRES
LE PROGRES
STOP
36
LOCATION
THEATRES
Ets LAFI

PAGE DE GAUCHE : PARIS, JUILLET 1945. Avenue de l'Opéra, un autobus Renault TN 4 H affecté au déplacement des troupes alliées embarque des soldats américains accompagnés par un officier français.

CARENTAN, FIN NOVEMBRE 1944. La libération du territoire n'a pas mis fin aux pénuries. Des bus sont réquisitionnés pour approvisionner la capitale. Le village traversé porte encore les stigmates des combats violents qui s'y sont déroulés. En arrière plan, l'épave d'un char américain Sherman et celle d'un Panther allemand.

métro et constituer son prolongement. En banlieue éloignée, des lignes de rabattement sur les gares de banlieue de la SNCF ou de la ligne de Sceaux sont prévues. Sur ces lignes éloignées, une exploitation économique avec un machiniste receveur sera mise en place. Des lignes semi-directes sont également créées. Par exemple, sur la ligne Pont de Neuilly – Saint-Germain-en-Laye, les véhicules ne s'arrêtent pas entre le pont de Neuilly et Rueil-Malmaison.

L'ensemble du réseau projeté nécessiterait un parc de 2 500 véhicules. Des programmes successifs, limités d'abord à 1 000 voitures, puis à 1 500, et enfin à 2 000, vont permettre l'extension progressive du réseau.

Les plans de reconstruction du réseau

Le plan de 1 000 voitures est établi au début de l'année 1945 et sera atteint à la fin de cette même année. Il prévoit 47 lignes de banlieue comprenant 700 voitures et 12 lignes urbaines avec 300 véhicules. L'accent est mis sur la banlieue, qui n'est pas desservie par le métro.

PARIS, ÉTÉ 1945,
Des autobus Renault TN 4 et TN 6 à gaz de ville dans la cour de Rome, devant la gare Saint-Lazare.
La technique du gaz de ville elle-même est ancienne, puisque l'on cite des tramways actionnés au gaz de ville en 1856, année de la fondation de la Compagnie parisienne du gaz. L'expérience acquise dans ce domaine par la STRCP s'avère précieuse pour le fonctionnement des autobus durant l'Occupation.

Le plan de 1 500 voitures est complètement réalisé le 7 octobre 1946. Le réseau comprend alors 67 lignes de banlieue et 30 lignes urbaines.

En 1947, la situation s'améliore et le plan de 2 000 voitures peut être amorcé. Il comprend 40 lignes urbaines et 90 de banlieue. À la fin de 1948, l'Administration provisoire pourra remettre à la RATP nouvellement créée 113 lignes exploitées, dont 38 dans Paris pour une longueur de 964 km.

Cet effort n'est possible que par la remise en état des dépôts et de l'atelier central de Championnet. À la Libération, 10 dépôts, sur les 26 en service avant la guerre étaient à la disposition de l'exploitation.

Dans le même temps, l'administrateur a pu apprécier l'état d'ancienneté du matériel, dont les dates de fabrication s'échelonnent de 1926 à 1938. Les services techniques du réseau sont donc chargés d'étudier de nouveaux modèles. La plate-forme y est d'emblée abandonnée et la cabine de conduite sera vestibulée. Il s'agit de mettre le personnel et les voyageurs à l'abri des intempéries.

Un autobus prototype équipé d'un moteur Renault TN 4 H est construit. Il comporte 50 places. Cette voiture circule à partir du 15 août 1947 sur différentes lignes où elle est testée. Pour la grande banlieue, principale préoccupation de l'Administration provisoire, 18 cars Chausson APH 47 seront mis en service à partir de juin 1947.

Tous ces véhicules sont munis de moteurs à essence ou diesel. Les systèmes à gaz et les gazogènes disparaissent totalement à partir du début d'avril 1945. Mais le parc d'avant-guerre continue de fonctionner à l'alcool.

LOTERIE NATIONALE
METRO
EN DONNANT AU
SECOURS NATIONAL "ENTR'AIDE D'HIVER"
VOUS AIDEZ AU RELEVEMENT DE LA FRANCE

72
TAXI
TAXI

CHAPITRE V

1949-1975

Les « Trente Glorieuses »

La période de forte croissance des années d'après-guerre va permettre des conditions de vie meilleures à l'ensemble des foyers français. Chaque famille rêve d'acquérir de nouveaux biens d'équipement et de consommation, dont la voiture. Dans ce contexte des « Trente Glorieuses », le bus fait figure de parent pauvre. Les centre-villes sont engorgés par le trafic ; les banlieues sont mal desservies par le réseau et le parc de véhicules, qui date d'avant-guerre pour la plupart, est hétérogène et vétuste.

Après la période de l'administration provisoire qui dût faire face aux urgences de l'immédiat après-guerre tout en préparant un nouveau statut pour les transports parisiens, la RATP est créée par la loi du 21 mars 1948. Elle est dotée du statut de régie autonome qui lui garantit son indépendance vis-à-vis des intérêts privés, mais son caractère « autonome » d'établissement public industriel et commercial doté de l'autonomie financière lui donne, en principe, la possibilité d'agir comme une entreprise commerciale dans son exploitation. Il permet ainsi d'éviter la rigidité de la régie directe. La RATP reçoit la charge de l'exploitation des réseaux de l'ex-Compagnie du métropolitain de Paris et de l'ex-STCRP (absorbée en 1942 par la CMP). Elle n'a pas le monopole des transports en commun en dehors des territoires antérieurement desservis par ces sociétés. Son premier président est Georges Ricroch, administrateur provisoire depuis 1945.

La loi crée également l'Office régional des transports parisiens, sorte de syndicat de collectivités locales regroupant le Conseil municipal de Paris, le Conseil général de la Seine, les Conseils généraux de Seine-et-Oise, de Seine-et-Marne et de

Paris, octobre 1972.
Un autobus Saviem SC 10 U pris dans les encombrements place de la Concorde.
En arrière plan, un autre Saviem SC 10, un Berliet PCM-RE et un Chausson APU subissent un sort similaire…

PARIS, FÉVRIER 1950.
Des autobus Renault circulant à proximité de la gare Saint-Lazare : trois TN4H et deux TN6 (lignes 26 et 68). Il s'agit de modèles mis en service avant la guerre. Leur remplacement par un matériel plus moderne s'impose alors.

l'Oise où l'État est représenté. Il permettra de coordonner de manière rationnelle les transports dans l'ensemble de la région parisienne et d'établir les plans des besoins de transport, de leur aménagement et de leur répartition.

Ainsi se met en place la répartition des rôles qui existe encore aujourd'hui : un organisme régulateur géré directement par les collectivités territoriales et l'État ; une société publique d'exploitation dotée de la souplesse du caractère industriel et commercial et de l'autonomie financière.

Évaluant le travail considérable entrepris depuis le 3 janvier 1945, date de la mise en place de l'administration provisoire, Georges Ricroch ne peut que mesurer avec satisfaction le travail accompli pendant ces trois années, dans des conditions difficiles, pour la réouverture d'un réseau de 1 000 km.

Des plans pour une extension du réseau

Le plan de 2 000 voitures pour reconstituer le réseau est lancé en 1947. De 40 lignes au début de cette année, on peut en compter 113, dont 38 dans Paris et 75 en banlieue, à la fin de 1948. En un an, le réseau passe de 40 à 113 lignes (38 à Paris et 75 en banlieue).

Le 10 août 1950, l'ORTP établit son premier plan des besoins de transport. Il prévoit une extension sensible des réseaux urbains et de banlieue. Il est en grande partie réalisé au cours de l'année 1950. Sont ainsi créées 12 lignes à Paris et 14 lignes en banlieue. Par ailleurs, 11 lignes à Paris et 10 lignes en banlieue sont prolongées. Les extensions de service de nuit jusqu'à minuit trente sont également multipliées. Au 31 décembre 1951, 140 lignes sont exploitées pour une longueur totale de 1 234 km.

Ce développement du réseau endigue la baisse de trafic constatée en 1949 et 1950 du fait de la reprise du trafic automobile. Après le nombre record pour l'après-guerre de 898 millions de voyageurs en 1948, le trafic revient en 1949 à 870 millions et en 1950 à 811 millions. Le climat social et les grèves fréquentes ainsi que les augmentations de tarifs expliquent en partie cette baisse.

Le parc de véhicules s'accroît notablement compte tenu des livraisons de voitures commandées du temps de l'administration provisoire. Il passe de 2 014 à 2 377 voitures entre le 1er janvier 1949 et le 1er janvier 1952.

La première mission de rétablissement des lignes par la remise à niveau des « bus de guerre », récupérés et reconstruits, est désormais achevée ; il reste à préparer l'avenir en remplaçant les séries les plus anciennes, telles que les PN de 1926.

Les nouveaux véhicules

En 1946, l'atelier central réalise un prototype, baptisé 6001. Il comporte 60 places dont 38 assises, avec un moteur Renault de type TN 4 H, réglé pour fournir 78 CV à 1 800 t/mn. Il permettra la mise au point des futurs autobus tant pour la motorisation que pour le confort des voyageurs.

La plate-forme arrière ouverte, symbole des transports de surface à Paris, est abandonnée au profit de caisses fermées de type « autocar ». Le moteur diesel devient la norme.

Plusieurs types de voitures sont commandés, soit à Chausson, soit à Somua. Après des commandes de petites séries sous l'administration provisoire, notamment pour les autobus de grande banlieue (AGB) permettant l'exploitation à agent seul ou le renforcement des quelques lignes de trolleybus par des commandes limitées de Vetra de type VB et RH, la RATP commande 300 châssis à Somua.

Issus des études du prototype 6001, ils seront carrossés soit par des sous-traitants, soit directement par l'atelier central de Championnet. La carrosserie est constituée d'éléments mixtes en duralinox et bois.

Parallèlement, l'ORTP prend, en 1951 et 1953, des décisions relatives à la création de lignes de grande banlieue. Pour les équiper, la RATP passe les commandes suivantes : 26 cars AGB Renault, 18 cars Chausson APH 2-50 et 60 Chausson APH 2-52.

Au début de 1951, la RATP propose à l'ORTP un plan de renouvellement de la totalité de son parc. Cela conduit la RATP à passer commande, après consultation des constructeurs, de matériel de marque Renault et Chausson.

Fin 1954, le parc comporte un peu moins de 2 500 voitures, y compris les autobus de grande banlieue. Il permet d'exploiter un réseau de 1 325 km pour 147 lignes. Mais le matériel est ancien ; la plupart des véhicules ont plus de vingt ans et doivent être remplacés.

Dans ce cadre, le conseil d'administration de la Régie établit un plan de renouvellement en janvier 1953 qui reçoit un avis favorable de l'Office régional des transports parisiens. Il est alors décidé de

PARIS, FÉVRIER 1952.
Un Somua OP 5-2 tout neuf de la ligne 104, au terminus Château de Vincennes. Sur sa gauche, un Renault TN 6 C2.

Paris XIXe, juin 1958.
Un Renault TN 6 A
au point d'arrêt Atlas,
avenue Simon Bolivar,
à proximité du parc
des Buttes-Chaumont.

VINCENNES, JUIN 1958.
Le bureau et son équipage d'agents de la RATP au point d'arrêt du terminus Château de Vincennes (ligne 56).

PARIS, JANVIER 1950. Porte de Choisy, une foule s'engouffre dans un trolleybus Vetra VBR H. Le nombre insuffisant de véhicules sur le réseau occasionne des files d'attente… AU-DESSOUS : plaque de calandre des trolleybus Vetra.

commander 400 autobus sur les 600 prévus au plan. Chausson reçoit une commande de 200 autobus, type APU 53 et Somua de 180 châssis OP 5. Berliet pour sa part, recevra commande de 20 châssis PCP 10. Ainsi partiront à la réforme les PN mis en service en 1926 et les Panhard K 63 B.

Au 1er mai 1955, le parc de la RATP s'établit à 2 624 voitures en état de marche : 2 380 autobus, 159 autocars de grande banlieue et 85 trolleybus. Il dessert un réseau de 148 lignes dont 52 lignes de Paris et 96 lignes de banlieue. À cette date, un plan décennal de renouvellement est approuvé pour permettre le remplacement progressif des 1 900 voitures les plus anciennes entre 1952 et 1958.

La ville se complexifie

En raison du développement urbain et de l'usage de plus en plus répandu de l'automobile, symbole d'autonomie et de prospérité économique, le bus se trouve de plus en plus fréquemment englué dans le trafic. La cause première de la disparition du tramway dans les années 1935 menace à nouveau les transports de surface. Ainsi dans Paris, la vitesse moyenne des lignes en exploitation passe de

Le minibus Verney RU

Le Verney RU est une réponse faite par la RATP en 1961 à des besoins de transports plus spécifiques. Ce type de bus de petite capacité, plus rapide et plus maniable, est destiné à déjouer les encombrements de la circulation. Il circule sur deux lignes à tarif unique, d'une part entre Bourse et Porte Maillot (ligne A) et d'autre part entre Invalides et Place de Clichy (ligne B). Il peut transporter jusqu'à 32 personnes. Il sera retiré du service en décembre 1970.

13,5 km/h en 1952 à 10 km/h en 1967. La conséquence immédiate est une désaffection du public, en particulier dans Paris : sur la période, le nombre de passagers annuel passe de 468 millions à 243 millions.

Pour mettre de l'ordre dans la circulation, la préfecture de Police crée des zones d'interdiction de stationnement et multiplie les mises de voies en sens unique. L'aller et le retour de certaines lignes n'empruntent donc plus toujours les mêmes artères. Ces modifications d'itinéraires ne manquent pas de dérouter les usagers.

Le développement urbain de la banlieue sans cesse plus lointaine nécessite la mise en place de transports domicile-travail. Ces liaisons, très surchargées aux heures de pointe, peinent à trouver leur équilibre car les bus demeurent sous-utilisés le reste de le journée. À l'époque, la Régie estime la charge supplémentaire annuelle résultant de ce trafic de pointe à 2 à 3 millions de francs par voiture. Or, les prévisions de trafic à horizon de 1958 tablent sur un besoin de 200 voitures supplémentaires !

Le développement des bus standards

Dans le souci de proposer aux Franciliens un service en accord avec les attentes de l'époque, et pour rationaliser la maintenance du parc, la RATP se penche dès 1958 sur l'établissement d'un cahier des charges pour « l'autobus du futur ». La grande diversité des modèles de bus alors en service génère d'importants

À gauche : Paris, novembre 1961. Autobus Verney RU dans la cour de la préfecture de Police.

Paris, octobre 1958. Autobus Chausson APU et trolleybus Vetra VBRH sur vérins aux ateliers de Championnet.
Au-dessus : plaque de calandre de la société Chausson.

Somua OP 5

Ce modèle, au châssis conçu par Somua (Société d'outillage, de mécanique et d'usinage d'artillerie), constitue une rupture avec l'autobus tel que le concevaient les Parisiens jusqu'alors : sa caisse est entièrement fermée, le machiniste n'est plus isolé des voyageurs, sa capacité est augmentée et un sens unique est donné à la circulation des voyageurs.

- Mise en circulation : 1950
- Nombre de bus mis en service : 300
- Retrait : 1972
- Carburant : diesel
- Moteur : Somua-Panhard D 610 H à 6 cylindres
- Puissance : 100-130 CV à 2 000 t/mn
- Vitesse maximale : 47,5 km/h
- Longueur : 10,2 m
- Largeur : 2,5 m
- Hauteur : 2,86 m
- Places assises : 31
- Places debout : 34
- Poids à vide : 8,2 t
- Poids en charge : 11,9 t

Chausson APH 2-52

4 autobus APH 48 sont mis en service le 29 septembre 1949 sur la ligne 248 (Porte de la Chapelle – Villiers-le-Bel). Ces « autobus de grande banlieue » (AGB) sont, à quelques détails près, semblables aux AGB 47. Puis, 18 APH de type 2-50 sont commandés et mis en service à partir du 19 mai 1952. Pratiquement identiques aux APH 48, ils ne se distinguent que par le réglage du moteur à 100 CV au lieu de 80 CV, ainsi que par une boîte de vitesses améliorée. Enfin, 60 APH 2-52 sont commandés en 1953. Ces voitures ont une silhouette plus moderne que les APH 2-50, mais leurs paramètres sont comparables à peu de chose près.

- Mise en circulation : 1953
- Nombre de bus mis en service : 60
- Retrait : 1969
- Carburant : diesel
- Moteur : diesel Panhard 4 HL à 4 cylindres (80 ch à 2 000 t/mn)
- Puissance : 100 CV à 2 000 t/mn
- Vitesse maximale : 53-55 km/h
- Longueur : 10,178 m
- Largeur : 2,5 m
- Hauteur : 2,882 m
- Places assises : 43
- Places debout : 26
- Poids à vide : 7,64 t
- Poids en charge : 12 t

Somua OP 5-3

Après la livraison des 300 Somua OP 5-2 (à deux portes), la RATP passe une nouvelle commande de 380 voitures dérivées du premier modèle, l'OP 5-3, qui se distingue par la présence d'une porte centrale. La circulation intérieure des voyageurs s'en trouve nettement améliorée. Les aménagements intérieurs sont soignés et en font un véhicule plus agréable que le Chausson APU. Véhicule de bonne qualité, fiable et robuste, l'OP 5-3 représente le premier autobus moderne. Le schéma de la caisse sera repris durant une dizaine d'années, sans changement. L'esthétique des autobus standards SC 10 et PCMR en sera inspirée.

- Mise en circulation : 21 avril 1955
- Nombre de bus mis en service : 380
- Retrait : 1974
- Carburant : diesel
- Moteur : Somua-Panhard D 610 H à 6 cylindres
- Puissance : réglée à 120 CV à 2 000 t/mn
- Vitesse maximale : 55 km/h
- Longueur : 10,789 m
- Largeur : 2,49 m
- Hauteur : 2,858 m
- Places assises : 33 en version « Paris » et 29 en version « banlieue »
- Places debout : 22 en version « Paris » et 36 en version « banlieue »
- Poids à vide : 8,795 t
- Poids en charge : 13,16 t

Chausson APU 53

L'autobus APU 53, objet d'une importante commande de la RATP, dérive des autocars Chausson et conserve en particulier l'avant arrondi, typique de la marque. Le receveur est installé dans un poste fixe prévu à cet effet et situé à l'arrière du véhicule. L'APU reste néanmoins un autobus peu apprécié des Parisiens car offrant un confort limité, du moins pour les voyageurs debout. La faible hauteur du pavillon reste un défaut majeur de ces voitures. En outre, le moteur est particulièrement bruyant.

- Mise en circulation : 1954
- Nombre de bus mis en service : 273
- Retrait : 1971
- Carburant : diesel
- Moteur : Hispano-Hercules type DWXLD à 6 cylindres
- Puissance : 118 CV à 2 300 t/mn (140 CV à 2 600 t/mn en pointe)
- Vitesse maximale : 55 km/h
- Longueur : 10,428 m
- Largeur : 2,5 m
- Hauteur : 2,82 m
- Places assises : 32
- Places debout : 23
- Poids à vide : 8,465 t
- Poids en charge : 12,48 t

Trolleybus Vetra VBF

Afin de remplacer les trolleybus CS60 de 1943, la RATP commande une dernière série de trolleybus à la société franco-belge Vetra, le VBF. Les VBF sont alors les voitures les plus longues du réseau (10,88 m). D'un aspect très soigné, son roulement et son confort sont particulièrement appréciés des Parisiens. Les VBF sont les derniers trolleybus commandés par la RATP.

- Mise en circulation : juin 1957 – octobre 1958
- Nombre de bus mis en service : 38
- Retrait : 1966
- Carburant : courant continu sous 600 V
- Moteur : électrique Alsthom TA505C + moteur auxiliaire Peugeot 202 TG2 à essence
- Puissance : 80 CV à 1 500 t/mn (moteur auxiliaire : 29 CV à 4 000 t/mn)
- Vitesse maximale : 60 km/h
- Longueur : 10,88 m
- Largeur : 2,5 m
- Hauteur : 2,902 m
- Places assises : 29
- Places debout : 36
- Poids à vide : 10,2 t
- Poids en charge : 14,565 t

Berliet PCP 10

La carrosserie du PCP10 est identique à celle du SOMUA OP5-3 ; seul l'avant de la voiture diffère – la forme caractéristique du radiateur permettant de faire aisément la différence entre les deux modèles. Le moteur Berliet est cependant particulièrement bruyant et engendre des vibrations assez fortes.

- Mise en circulation : août 1955
- Nombre de bus mis en service : 100
- Retrait : mars 1971
- Carburant : diesel
- Moteur : Berliet à 6 cylindres
- Puissance : 145 CV à 2 000 t/mn
- Vitesse maximale : 55 km/h
- Longueur : 10,82 m
- Largeur : 2,464 m
- Hauteur : 2,863 m
- Places assises : 29
- Places debout : 36
- Poids à vide : 8,77 t
- Poids en charge : 12,48 t

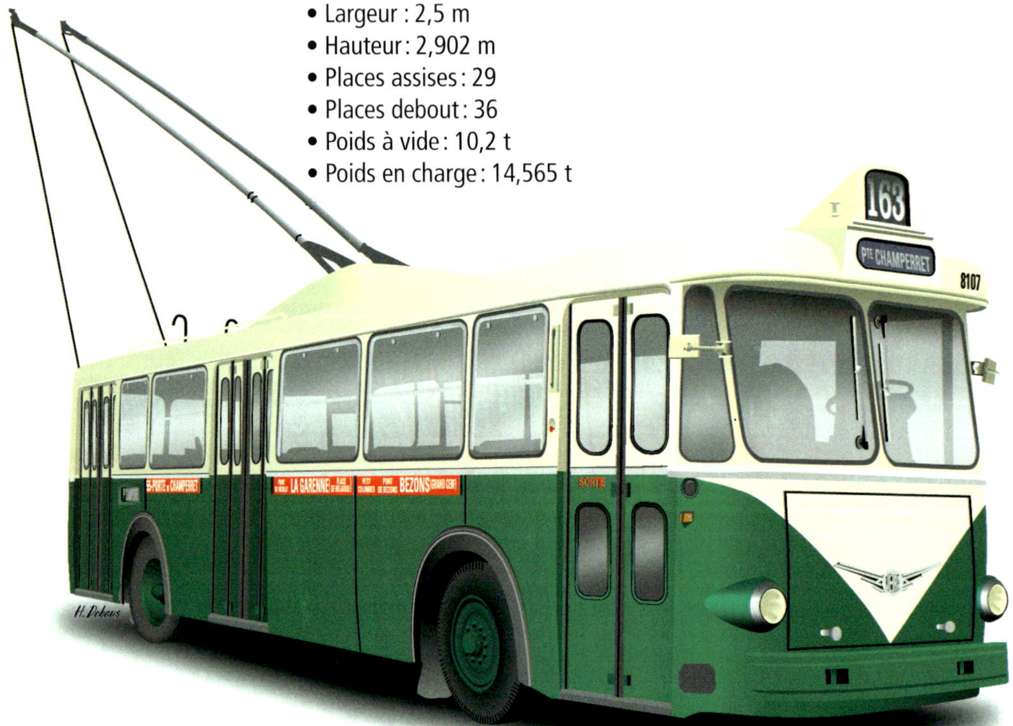

Chausson APVU 2

En 1956, la RATP engage un programme portant sur 756 autobus Chausson de type APVU, dont 684 en version « 1 agent » (APVU 1, 2 et 4) et 72 en version « 2 agents » (APVU 3 et 5). Les APVU sont les derniers construits par Chausson pour la RATP. Les dernières séries ont été livrées par Saviem, qui avait repris la production. La caisse du Chausson APVU est une extrapolation du APU 53, avec quelques améliorations. Principalement affectés aux services de banlieue, les APVU circulent sporadiquement dans Paris les dimanches et jours fériés, lors des remplacements des services à deux agents par des services à un agent, en particulier sur les lignes 38 et 96.

- Mise en circulation : 1959
- Nombre de bus mis en service : 756 (toutes les séries APVU)
- Retrait : 1976
- Carburant : gazole
- Moteur : Somua de type D 610 ou Hispano HS 102 V60 à 6 cylindres
- Puissance : 130-145 CV
- Vitesse maximale : 60 km/h
- Longueur : 10,5 m
- Largeur : 2,5 m
- Hauteur : 2,9 m
- Places assises : 44
- Places debout : 21
- Poids à vide : 8,725 à 9,18 t selon les versions

Berliet PCS 10

Esthétiquement, le PCS 10 ne se différencie que très peu du PCP 10, à quelques modifications près de la calandre – qui était avancée pour loger le moteur plus encombrant – et du report de l'indicateur de ligne à droite de la girouette de destination. Les cinq derniers PCS 10 de la série comportent un pare-brise cyclo-cylindrique anti-reflets.

- Mise en circulation : 1960
- Nombre de bus mis en service : 50
- Retrait : juin 1972
- Carburant : diesel
- Moteur : Berliet à 6 cylindres
- Puissance : 145 CV à 2 000 t/mn
- Vitesse maximale : 55 km/h
- Longueur : 10,82 m
- Largeur : 2,464 m
- Hauteur : 2,863 m
- Places assises : 29
- Places debout : 36
- Poids à vide : 8,77 t
- Poids en charge : 12,48 t

Saviem SC 10 U

En 1958, la RATP conçoit un cahier des charges pour la contruction d'un autobus standard destiné à la modernisation des réseaux français. Le SC 10 U est la réponse de Saviem à ce cahier des charges. Il offre un confort très amélioré par rapport aux séries plus anciennes. Les aménagements intérieurs font appel à du stratifié ou au plastique. Les banquettes sont recouvertes de moleskine. L'éclairage est assuré par des tubes fluorescents.

- Mise en circulation : octobre 1965
- Nombre de bus mis en service : 2 190
- Retrait : 1988
- Carburant : diesel
- Moteur : MAN à 6 cylindres
- Puissance : 135 CV
- Vitesse maximale : 65 km/h
- Longueur : 11 m
- Largeur : 2,5 m
- Hauteur : 2,94 m
- Places assises : 33 à 40 selon les versions
- Places debout : 30 à 49 selon les versions
- Poids à vide : 8,1 t
- Poids en charge : 12,6 t

Berliet PCM-RE à étage

Dans la recherche de l'augmentation de la capacité de transport, la RATP se tourne vers l'autobus à impériale, qui avait disparu de la capitale depuis 1912. Sur un châssis de Berliet PCM-R raccourci, une caisse à deux niveaux est montée. L'esthétique est directement issue de celle du PCM-R. Malgré un succès de curiosité, les PCM-RE restent marginaux sur le réseau (lignes 53 et 94).

- Mise en circulation : août 1967 – juillet 1968
- Nombre de bus mis en service : 26
- Retrait : février 1977
- Carburant : diesel
- Moteur : MAN à 6 cylindres
- Puissance : 135 CV
- Vitesse maximale : 65 km/h
- Longueur : 9,83 m
- Largeur : 2,5 m
- Hauteur : 4,35 m
- Places assises : 54
- Places debout : 30
- Poids à vide : 9,5 t
- Poids en charge : 14 t

Berliet PGR

Devant les réticences des pouvoirs publics à généraliser les autobus standards de 11 mètres de long, la RATP et Berliet mettent au point un autobus à gabarit réduit, le PGR. Ses dimensions sont nettement plus réduites que celles des standards, au détriment de la capacité de transport. Conçu à partir du soubassement du camion Berliet-Stradair, sa suspension est dure et le moteur bruyant engendre des vibrations importantes. L'esthétique du PGR est inspirée de celle du PCM-R.

- Mise en circulation : novembre 1968 à avril 1971
- Nombre de bus mis en service : 770
- Retrait : février 1983
- Carburant : diesel
- Moteur : Berliet à 4 cylindres
- Puissance : 112 CV
- Vitesse maximale : 60 km/h
- Longueur : 9 m
- Largeur : 2,25 m
- Hauteur : 2,99 m
- Places assises : 28
- Places debout : 17
- Poids à vide : 6,765 t
- Poids en charge : 12,6 t

Saviem SC 10 UMA à plate-forme

La disparition des autobus à plate-forme arrière a laissé une forte nostalgie aux Parisiens. Suite à un accident survenu en 1975 à l'arrière d'un SC 10 U (n° 5 933), les ateliers de la RATP réparent le véhicule en installant une plate-forme ouverte (non accessible directement depuis la chaussée). En 1976, devant le succès rencontré, la RATP décide de commander une petite série de dix voitures offrant cette particularité. Il s'agit de SC 10 UM avec une plate-forme arrière ouverte, offrant 75 places. En 1977, une nouvelle série de 46 autobus SC 10 UMA est livrée, dont les aménagements intérieurs reprennent ceux des SC 10 UMR. La capacité est identique.

- Mise en circulation : 1976 (version UM) et 1977 (version UMA)
- Nombre de bus mis en service : 246 (UMR) ; 346 (UM) ; 56 (UMA)
- Retrait : 1991 (UM) ; 1993 (UMA)
- Carburant : diesel
- Moteur : MAN à 6 cylindres
- Puissance : 144 CV
- Vitesse maximale : 65 km/h
- Longueur : 11 m
- Largeur : 2,5 m
- Hauteur : 2,94 m
- Places assises : 38
- Places debout : 30
- Poids à vide : 8,25 t
- Poids en charge : 12,6 t

285
RUNGIS MARCHE
ENTREPOTS
1937
Chausson
THOMSON
ATLANTIC

surcoûts de maintenance et de formation aussi bien des machinistes que des agents de maintenance.

La RATP fixe en collaboration avec l'Union des transports publics urbains et régionaux les caractéristiques générales du futur véhicule, qui pourra être décliné par différents constructeurs. Ce matériel se doit d'être robuste, adaptable à différentes formes d'exploitation et d'entretien commode. Les spécifications suivantes sont retenues :

- longueur : 11 mètres ;
- capacité : 70 voyageurs, dont 40 assis ;
- portes doubles à quatre ventaux ;
- maximum de deux marches d'accès ;
- pare-brise anti-reflets ;
- moteur diesel à plat situé sous le siège du machiniste ;
- suspension pneumatique ;
- direction assistée ;
- chauffage et ventilation par air pulsé ;
- freinage progressif et de sécurité, avec un frein principal, un frein de secours à commande pneumatique, et un frein d'immobilisation à commande mécanique.

En 1962, la RATP reçoit plusieurs prototypes conformes à ce cahier des charges et, en 1964, elle passe à Berliet une commande de 300 bus standards

PAGE DE GAUCHE : RUNGIS, MARS 1969. Autobus Chausson APVU. Dans leur conception, ces autobus de banlieue s'apparentent plus aux autocars.

À DROITE : PARIS, JANVIER 1960. Une receveuse à son poste fixe dans un Somua OP5 (type à deux agents).

PARIS, NOVEMBRE 1964.
Autobus Berliet PCS 10 dans son couloir, quai du Louvre.

PAGE DE DROITE : PARIS, 1968.
Un Berliet PCM-R à étage suivi d'un Renault TN 6, devant la gare Saint-Lazare.

PCM-R à caisse et châssis séparés et à Saviem une commande de 300 véhicules SC 10 à caisse-poutre. Les deux modèles sont équipés du même moteur MAN de 135 CV. Les premiers modèles circulent en 1965. D'abord en livrée rouge, ils sont rapidement repeints en vert et gris clair, plus proche de la couleur traditionnelle des bus parisiens.

Jusqu'aux années 1980, la RATP constitue une flotte homogène de SC 10 et de PCM-R produits par les deux firmes. En 1982, on en compte 3 900 en service, soit la presque totalité du parc.

Les couloirs de bus, une innovation majeure

Pour répondre à la demande de plus en plus pressante d'un service rapide et régulier, la RATP imagine une solution novatrice : créer au sein du réseau routier des espaces réservés à la circulation des bus. Un moment réticente, la préfecture de Police de Paris finit par créer, le 15 janvier 1964, une « bande de roulement réservée exclusivement aux transports en commun » entre le pont du Carrousel et le Pont-Neuf. Cet espace prendra rapidement le nom usuel de « couloir de bus » (jusqu'alors, le terme couloir était réservé aux dispositifs permettant de canaliser les files d'attente de voyageurs).

L'expérience s'avère un succès : elle permet aux autobus de couvrir en moins de 4 minutes un trajet qui n'en prenait pas moins de 15 aux heures de pointe. Cependant, les usagers de la voirie regardent

BERLIET PCM-RE À ÉTAGE

À partir de juin 1968, la RATP met en service 25 bus à étage sur la ligne 94, puis sur la ligne 53. Par rapport aux bus standards, la capacité plus importante offerte (84 places contre 70 en moyenne) n'est malheureusement pas pleinement utilisée. En effet, dans Paris, les arrêts rapprochés et le faible parcours moyen n'incitent pas les voyageurs à monter sur l'impériale et réduisent ainsi nettement l'intérêt de ce type de bus. La mise en service de ce nouveau bus crée un intérêt qui s'estompe bien vite du fait de son manque de confort et de la difficulté d'accès à l'étage. La RATP en tire des conclusions et les autobus à étage sont retirés du service en 1977.

DRUGSTORE
BNP
NICOLAS
bis
66
Vichy Saint-Yorre

1941-1975 BILLETTERIE DES LIGNES

1

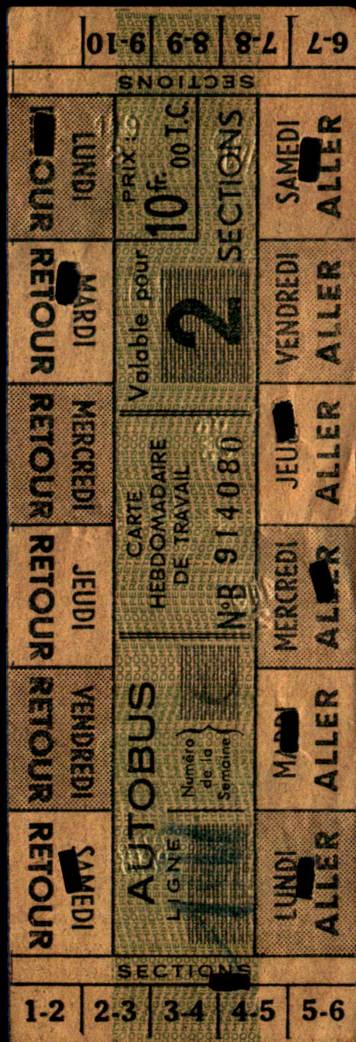

3

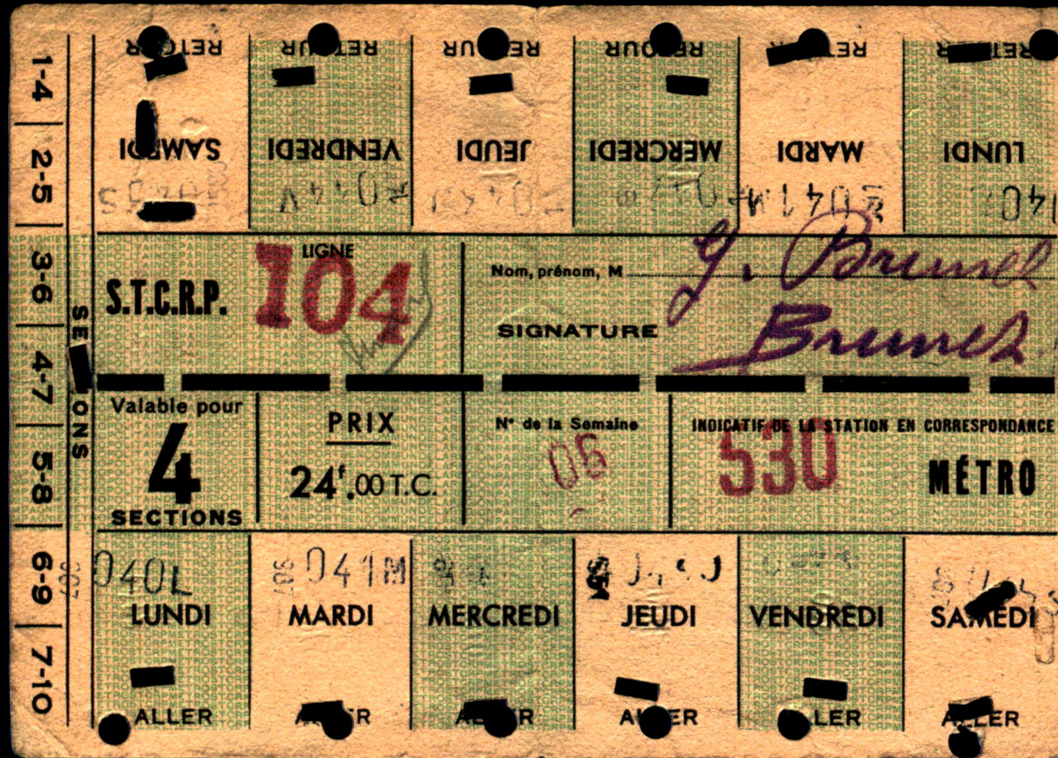

4

2

EN 1941, LORS DE LA REPRISE de la STRCP par la CMP, la couverture des carnets de tickets est supprimée et les mentions correspondantes sont reportées au dos des six dernières lamelles (n° 1). Les cartes ouvrières hebdomadaires (n° 2), autorisées sur les lignes d'autobus depuis 1929, sont supprimées par la CMP en 1942 après la mise en place, le 4 août 1941, d'une nouvelle tarification. Une carte hebdomadaire de travail autobus (CHT) est alors instaurée, valable sur le réseau STRCP exclusivement. Celle de deux sections (n° 3) coûte 10 F.

Entre le 4 août 1941 et le 1er janvier 1942, date de la fusion CMP-STRCP, des cartes combinées « autobus banlieue-métro » sont utilisées. Les premières cartes comportent encore le sigle STCRP (n° 4). Les militaires allemands en uniforme sont admis en toutes classes sur les voitures desservant les lignes de la STCRP au prix uniforme (lui aussi !) de 2 F (n° 5). Les Allemands ne bénéficieront pas de ce privilège, car dans les autobus, la 1re classe est supprimée le 4 août 1941. Lamelles des premiers carnets du réseau routier de la CMP avec propagande au verso (n° 6). Vignette à motif géométrique rouge sur chamois avec sigle RR, fond réseau routier et 1945 en bande inférieure (n° 7).

DU RÉSEAU ROUTIER PARISIEN

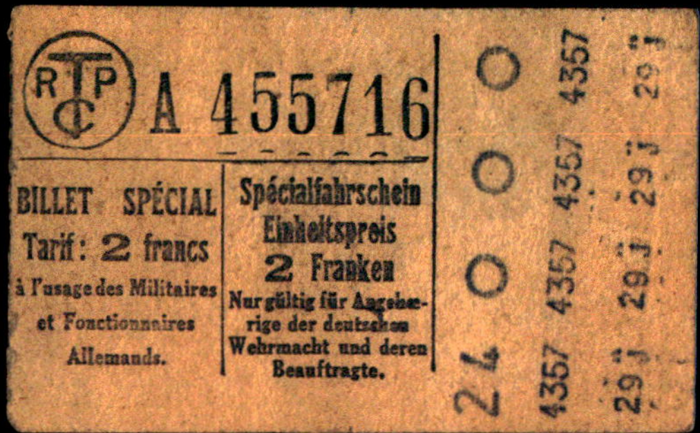

5

6

7

8

9

10

11

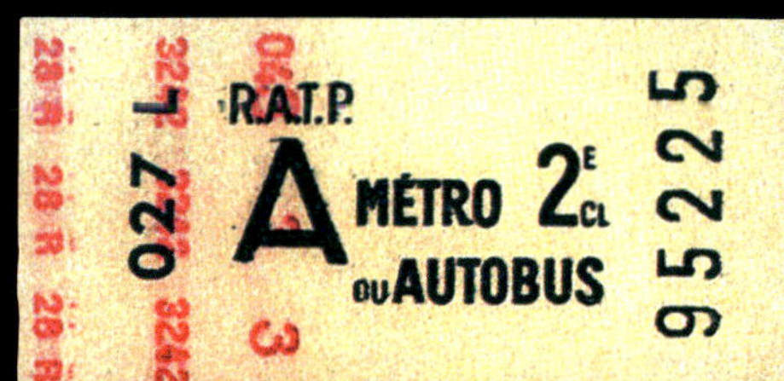

12

13

14

15

À partir du 24 novembre 1947, la lettre tarifaire du métro, M en l'occurrence, est inscrite sur les tickets d'autobus (n° 8). Carnet de tickets de la RATP réservés aux mutilés de guerre et aux familles nombreuses (n° 9). Ce tarif spécial avait été mis en place en 1947. Publicité sur carnet pour le film *Le 84 prend des vacances* sorti en 1949, qui relate les aventures d'un conducteur d'autobus et de ses voyageurs à la recherche de son épouse enlevée par son amant (n° 10). Au cours des trois semaines de grève de 1953, des camions militaires assurent un service aux voyageurs. Les places étaient perçues au moyen des tickets spéciaux (n° 11). À dater du 1er octobre 1968, de nouveaux carnets de tickets de 2e classe, appelés tickets RATP Métro-Autobus (n° 12) permettent aux voyageurs d'effectuer un parcours de deux sections sur une ligne d'autobus de leur choix. Ils comportent la lettre tarifaire A en plein. En 1973, lamelles et moulinettes vont être remplacées par un nouveau billet vendu à l'unité par les machinistes-receveurs. Ils sont présentés en bloc de 50 tickets détachables dits « paravent » (n° 13, 14 et 15). Le document n° 14 est une curiosité, car l'indice tarifaire F n'a jamais été mis en circulation.

Paris, Porte de Clignancourt, 1965. Un Renault TN 6 A et un Berliet PCM-R B 2 (en livrée rouge, abandonnée rapidement au profit du vert « traditionnel » des bus parisiens).

avec méfiance cette appropriation d'une partie de la chaussée. Au premier rang des opposants se trouvent les chauffeurs de taxi. Ceux-ci se montrent suffisamment persuasifs pour obtenir quelques semaines plus tard l'autorisation de circuler à leur tour dans ce couloir et ceux à venir, diminuant ainsi légèrement l'accroissement de la vitesse des autobus.

L'expérience du couloir de bus, jugée concluante, est rapidement reconduite sur d'autres parcours : avenue Bosquet, quai Kennedy... Certains – c'est le cas du boulevard Saint-Germain – sont même ouverts à contresens. Cependant, en 1967, un accident mortel rue de Rivoli provoque une vive polémique autour de ces « couloirs de la mort », jugés dangereux et trop souvent vides. Des barrières de protection sont dès lors installées pour protéger les piétons, en plein accord avec la doctrine de séparation des flux, préconisée par les experts en circulation urbaine.

Par ailleurs, l'idée très innovante des couloirs se heurte rapidement à une autre difficulté majeure : celle du respect de l'interdiction de circuler et de stationner sur ces espaces réservés. Dès la fin des années 1960, une surveillance spéciale est ainsi mise en place. Ce n'est qu'au milieu des années 1970 que les couloirs de bus connaîtront une nouvelle vague de développement, avec des réalisations en banlieue. En septembre 1973, la RATP inaugure 8 lignes pilotes, bénéficiant de couloirs réservés sur 50 % au moins de l'itinéraire. De 1973 à 1975, leur trafic augmente de 20 %, validant positivement l'expérience. La longueur totale des couloirs passe ainsi de 25 km en 1972 à plus de 70 km en 1975.

La disparition des receveurs

Les premiers bus standards diffèrent encore d'un modèle à l'autre sur un point : l'exploitation par un seul ou deux agents. Depuis l'époque des omnibus, les véhicules de transport public ont toujours fonctionné avec un équipage de deux personnes. Dans les autobus, on trouve le machiniste, héritier du cocher, chargé de la conduite, et le receveur, anciennement appelé conducteur, chargé des relations avec les voyageurs. La tâche du receveur est exigeante, notamment lors des périodes d'affluence. À chaque arrêt, il procède à l'appel des numéros d'ordre pour la montée des voyageurs et à la perception du prix des places. Il doit également « sonner le complet » lorsque la capacité maximale du véhicule est

PARIS, MAI 1974. Dernier autobus avec receveur sur la ligne 24. L'introduction de matériel à poste fixe après la guerre (Somua OP52 et Chausson APU 53), où le receveur est assis derrière un guichet, réduit la proximité des relations avec les voyageurs, tout en empiétant sur leur espace.

L'autobus et la publicité

Années 1910-1920. La marche de la plate-forme d'un autobus Schneider H.

Années 1950. L'intérieur d'un autobus Somua OP-5. La publicité se glissait dans les moindres recoins des bus (marchepied, barre d'appui...).

Ce n'est que dans les années 1970 que la RATP effectue ses premiers pas dans l'ère de la communication publicitaire. Cependant, il est important de préciser que, dès le début, l'autobus a entretenu des relations privilégiées avec la publicité. Il s'est positionné comme un moyen de communication et un excellent vecteur d'image pour les entreprises de transport.

Le bus : un fabuleux support

Peu de temps après la mise en circulation des omnibus automobiles en 1906, on découvre sur leurs flancs des affiches pour différents produits de consommation ou pour les grands événements parisiens. Une photographie de 1911 montre ainsi un bus PB 2 arborant une réclame pour le quatrième Salon du mobilier de Paris. Le bus prouve ainsi, très tôt, qu'il peut constituer un bon support de communication.

À la différence du métro et, plus tard, du RER, le bus est exposé en permanence aux regards de la population. Il bénéficie d'une très grande visibilité dans la ville. La communication qu'il véhicule traverse des quartiers entiers et multiplie donc la visibilité de la publicité.

Au cours des années 1950 et 1960, en plein essor de la société de consommation, l'utilisation des bus comme support publicitaire se systématise. Ils sont généralement équipés de larges panneaux vendus pour des vagues d'affichage au même titre et en complément des autres supports. Peu à peu, l'opérateur de bus, comme les annonceurs et les publicitaires, prend conscience de l'efficacité de la publicité apposée sur ce type de véhicule.

La fonction du bus comme moyen de communication peut ainsi être résumée par cette phrase extraite d'un rapport de 1984 sur le développement de la communication de la Régie : « Le rôle du bus devrait, dans cette optique, être réévalué comme un vecteur [un véhicule] de cette extension. Le bus pourrait être, si l'on accepte cette métaphore guerrière, comme les chars parcourant (victorieux) la ville conquise en arborant les couleurs du conquérant. »

En intégrant la spécificité du bus à leur réflexion, les créatifs peuvent laisser libre cours à leur imagination pour adapter le message publicitaire à ce support particulier. On peut par exemple inverser la typographie des slogans pour qu'ils soient lisibles dans le rétroviseur des véhicules qui précèdent le bus. Cependant, ce médium comporte des contraintes, en raison des mauvaises conditions de lecture : comme le support est en mouvement, le temps d'exposition au message est très réduit, il peut être temporairement masqué par les autres véhicules. La publicité sur les flancs, l'avant ou l'arrière de bus, dénommé dans le langage publicitaire « le cul de bus » se caractérise donc très souvent par un message très bref, déclinaison adaptée de campagnes publicitaires plus larges utilisant d'autres supports.

Le bus est désormais utilisé pour tous les types de produits de grande consommation mais également pour les manifestations culturelles ou les campagnes institutionnelles. Plus récemment, des bus entièrement recouverts par de la publicité

Paris, janvier 1979. Les « culs » des bus s'avèrent d'excellents vecteurs de communication pour les automobilistes. Ce Saviem SC 10 participe à la campagne destinée à inciter les automobilistes à respecter les couloirs.

***Dessins** de la série réalisée en juillet 1953 pour la promotion de l'autobus par le dessinateur et humoriste Maurice Siné dit Siné.*

au moyen de pelliculage sont apparus. Ils ne sont pas forcément bien tolérés par les entreprises de transport, leurs employés ou la population. Le bus, porteur de l'image institutionnelle de l'entreprise de transport disparaît alors au profit de la marque commerciale qui l'utilise. L'entreprise de transport doit donc réguler avec bon sens ces utilisations massives.

Le bus fait sa promotion

Les premières traces de la communication pour le bus apparaissent avec les célèbres dessins réalisés par Siné à partir de 1953. Le choix de faire appel à ce dessinateur à l'humour corrosif peut être interprété comme un pari audacieux. Mais sa notoriété constitue une belle valeur ajoutée pour la RATP, qui choisit délibérément un ton humoristique pour ces premiers essais de communication institutionnelle, parti pris qui perdure encore aujourd'hui.

Le recours à l'humour est une manière habile de transmettre un discours sur les usages dans les transports en commun. Le discours reste assez simple : il s'appuie sur les avantages à prendre le métro et le bus en abordant les thèmes de la meilleure circulation, et donc le gain de temps, l'absence de problème de stationnement, ou la sécurité. Il met également en avant le confort des transports qu'offre la Régie.

Dans les campagnes RATP, le bus n'est pas particulièrement privilégié. Le taux de représentation de l'espace bus et du bus en lui-même est faible (37 %). Cependant, le bus est un des rares moyens de transport à bénéficier de campagnes spécifiques. C'est le cas notamment pour les couloirs de bus, mais aussi pour les questions de sécurité et de comportement à bord.

La RATP communique ainsi sur les évolutions de la voirie, notamment avec une affiche de 1985, « À chacun son couloir ». Ces aménagements nécessitent des modifications du comportement des conducteurs de voitures. Toujours avec humour et pour désamorcer toute agressivité, les campagnes tentent d'informer pour prévenir les désagréments éventuels. La RATP mène également des campagnes visant à informer les usagers des comportements corrects dans les transports en commun. La récente campagne *Bus Attitude* incite ainsi à retrouver dans l'usage du bus les quelques marques de civilité indispensables à la vie en société (courtoisie, respect de règles simples ou simplement le fait de s'acquitter du service rendu).

Porte-drapeau de l'entreprise, le bus peut aussi être envisagé comme un moyen de rayonner dans la ville. Visibles par tous et immédiatement identifiables, les bus sont aisément utilisés comme symbole de l'entreprise. La remise à plat de l'identité visuelle en 1992 participe de cette idée. Le bus permet à la Régie d'imposer sa marque partout dans l'espace et aux yeux de tous, usagers ou non usagers, et de s'intégrer à l'environnement culturel des Franciliens.

Années 1960. Publicité sur les flancs d'un autobus Chausson APU.

Années 1950. Barre d'appui à l'intérieur d'un autobus Somua OP-5.

atteinte. Sa mission consiste également à renseigner les voyageurs, gérer les éventuelles tensions entre eux, voire faire la circulation aux carrefours embouteillés afin de dégager la voie.

Dès les années 1920, la STCRP tente de réduire les coûts de personnel en introduisant à différentes reprises des autobus à agent seul, notamment en banlieue, avec une tarification simplifiée. Toutefois, l'expérience se soldera par un échec en raison de l'hostilité des voyageurs, contraints de se munir d'un ticket avant la montée à bord. L'exploitation avec un seul agent, à la fois receveur et machiniste sera maintenue sur certaines lignes de grande banlieue, où la clientèle est essentiellement formée d'abonnés.

Cette expérience malheureuse permettra de constater que, pour mener à bien une réduction du personnel et des coûts inhérents, il faut impérativement prendre en compte tant l'agencement du matériel roulant que la tarification et la perception du prix du voyage.

En 1965, l'idée d'une généralisation de l'exploitation à un agent réapparaît. Dans le sillage du rapport Nora (1967), la productivité est présentée comme un élément essentiel pour les entreprises publiques, y compris la RATP. Les mesures envisagées pour se conformer à cette nouvelle philosophie sont d'abord tenues secrètes avant d'être révélées par un tract de la CFDT. Elles concernent l'ensemble de la Régie : exploitation à un agent sur le réseau routier, exploi-

PARIS, MAI 1971. Un machiniste au volant d'un Berliet PCM-R. L'introduction de la téléphonie a permis une amélioration de la régulation du trafic.

Paris, novembre 1971. Un Berliet PCMR dans un couloir. Au début, les couloirs étaient réservés aux seuls bus. Les taxis ont protesté auprès de la préfecture et, en 1964, ils ont obtenu le droit d'y circuler.

Plaque de calandre des bus Berliet.

tation à un agent sur le réseau ferré, suppression des chefs de station et des poinçonneurs, vente et contrôle automatique des billets… Des exemples étrangers incitent également la RATP à supprimer les receveurs. Toutefois, la RATP reste prudente par rapport à cette innovation. C'est pourquoi, en 1965, les premiers bus standards sont par précaution commandés en configuration à deux agents.

La suppression du poste de receveur se fera progressivement entre 1965 et 1974. On commence

HONG
HOTEL
CAFE
HOTE
86

Paris, 6 mai 1968.
Un autobus Chausson APU sur fond de manifestation estudiantine rue Saint-Jacques, aux abords de la Sorbonne. Entre le 18 mai et le 5 juin 1968, le réseau RATP a cessé de fonctionner, la plupart des établissements ayant été fermés, à l'initiative de l'entreprise.

Plaque de calandre des bus Somua (Société d'outillage mécanique et d'usinage d'artillerie de Saint-Ouen).

5011
STOP
21
2118
VOIE
DROITE
RÉSERVÉE AUX
AUTOBUS

par transformer les lignes qui ne connaissent qu'un faible trafic et donc un lourd déficit. Puis, à partir de 1967, le mouvement s'accélère, l'objectif étant désormais une économie globale sur l'exploitation et non plus la réduction du déficit de lignes particulières. Parallèlement, des réformes tarifaires sont mises en œuvre afin de réduire le nombre de voyageurs ayant besoin d'acheter leur titre de transport à bord, avec, en particulier, l'introduction en 1968 du ticket unique métro-autobus.

Ainsi, 24 lignes parisiennes fonctionnent, dès 1968, avec un seul agent (le dimanche uniquement). En 1972, c'est l'ensemble des lignes parisiennes qui est exploité avec le seul machiniste tout au long de la semaine. En banlieue, le dernier receveur travaille le 3 juin 1974.

Que deviennent les anciens receveurs ? La RATP leur propose un reclassement. Certains sont formés à la conduite, pour permettre la mise en ligne d'un plus grand nombre de voitures. D'autres sont mutés au métro, notamment pour assurer des tâches commerciales. Mais, globalement, les conditions de travail s'améliorent pour les machinistes à la suite de la mise en circulation des bus standards, mieux suspendus et plus agréables à conduire.

L'école d'apprentissage de la RATP

Dès 1911, la CGO crée une école d'apprentissage destinée à former des ouvriers habiles et éclairés, susceptibles de devenir, plus tard, des agents d'encadrement. L'école forme à de nombreux métiers, ajusteurs, tourneurs, fraiseurs, forgerons, chaudronniers, électriciens, menuisiers. Elle est d'abord installée dans les locaux de l'atelier central, 34 rue Championnet à Paris. La destruction partielle de l'atelier au cours du bombardement du 21 avril 1944 conduit à transférer l'école au dépôt du Point du Jour. Après la Libération, l'école est installée dans l'ancien dépôt d'autobus de l'avenue Mozart. L'apprentissage comprend la formation manuelle qui se déroule dans les ateliers correspondant à leur métier, dispensée par des moniteurs issus du personnel de la Régie. Les apprentis reçoivent en outre une instruction théorique : français, mathématiques, dessin et technologie. Il faudra attendre 1976 pour que les premières filles accèdent à l'école.

En 1984, l'école déménage pour s'installer à Noisiel (77). Le nouvel établissement prépare les élèves aux BEP d'électronique, d'électrotechnique, de maintenance des systèmes informatiques et au bac professionnel. La dernière promotion sort de l'école de Noisiel en 1998.

Paris, septembre 1963.
Des élèves mécaniciens s'affairent autour d'un Renault TN 6 à l'école d'apprentissage de l'avenue Mozart.
À gauche : affiche pour l'inscription au concours d'entrée de l'école.

Page de gauche :
Un Renault TN 4 HP en circulation dans son couloir réservé, quai du Louvre.

TVM Marché de Rungis
RESPIREZ
Tvm
tvm

CHAPITRE VI

1975-2006

L'ère de la modernité

En trente ans, les modes de vie des Franciliens ont considérablement évolué. Dans tous les domaines, l'heure est à la personnalisation des produits, à la segmentation des offres, et le public attend des transports en commun qu'ils soient eux aussi capables de proposer des services correspondant à ses préoccupations. Des initiatives comme la création de la Carte Orange ou les opérations Autrement Bus et Bus Attitude signalent la volonté de la RATP de répondre à ces aspirations.

Entre octobre et décembre 1973, le prix du baril de pétrole quadruple. Le premier choc pétrolier précipite une crise économique qui couvait dans les pays occidentaux après quasiment trois décennies de croissance ininterrompue. Après des années de développement accéléré, la France découvre la crise… En 1974, on enregistre dans le pays une augmentation de 17 % des faillites et le nombre d'un million de demandeurs d'emploi est atteint en 1975. Pour faire face à cette nouvelle situation, au son du slogan « la France n'a pas de pétrole, mais elle a des idées… », le pays joue alors la carte de l'innovation, en particulier dans le domaine des transports. À Paris, le boulevard périphérique est ouvert en avril 1973 ; en 1974, la SNCF construit le prototype Zébulon, ancêtre du TGV ; les aéroports de Roissy et de Lyon sont respectivement inaugurés en 1974 et 1975 et en 1976, Concorde effectue son premier vol commercial ; en 1977, le réseau RER est mis en service. Dans le même temps, confrontées à un environnement plus rude, les entreprises renouvellent largement

Créteil, octobre 2003.
Un autobus RVI Agora articulé de la ligne TVM (Trans Val-de-Marne) en circulation dans son site propre intégral. Cette ligne, qui relie le marché de Rungis à la gare RER de Saint-Maur Créteil, a été mise en place en octobre 1993.

PARIS, AOÛT 1978.
Autobus Saviem SC 10U de la ligne 72 dans son couloir réservé, quai du Louvre.

leurs méthodes commerciales et marketing. Dans le sillage des difficultés économiques, s'ouvre ainsi une ère de modernité.

La RATP ne va pas échapper à cette tendance qui touche toute la société française. Elle entreprend de rationaliser son fonctionnement en s'appuyant sur des objectifs de productivité et d'économie. À partir du début des années 1970, la Régie va s'intéresser aux innovations technologiques et commerciales susceptibles de redynamiser un trafic en pleine érosion.

À l'époque, la RATP constate que son offre de transport n'est pas adaptée à l'expansion de la population francilienne, aux déséquilibres de sa répartition géographique et aux évolutions de ses modes de vie. Par rapport au début des années 1950, le nombre de places/km proposé n'a guère progressé, et ce constat vaut aussi bien pour le réseau de surface que pour le réseau souterrain. Dans le même temps, la région parisienne a vu sa population passer de 4,7 millions à 8 millions entre 1911 et 1968, avec en particulier une augmentation de 30 % de la population de la banlieue entre 1962 et 1968. Conséquence directe, le nombre de trajets quotidiens entre Paris et la banlieue explose : alors qu'on l'estimait à 520 000 en 1931, le cap des 900 000 est atteint dès 1962. Enfin, le parc automobile français a explosé : de 680 000 véhicules en 1944, il atteint 2 millions au début des années 1950 et 8 millions dans la décennie suivante.

Jusqu'alors, le trafic global des transports publics en Île-de-France s'est maintenu autour de 2 milliards de voyages par an. Mais ce chiffre masque en réalité la chute régulière du nombre de voyageurs transportés par des autobus, compensée par la remontée relative du réseau ferré soutenue par les bas tarifs. Malgré les innovations du matériel roulant ou l'introduction des couloirs de bus, l'augmentation du trafic automobile et ses conséquences sur la voirie (multiplication des sens uniques, problèmes de stationnement…) porte un rude coup aux autobus, dont le passage est de plus en plus irrégulier et dont la vitesse moyenne est tombée à 14 km/h en banlieue et 10 km/h à Paris. En conséquence, les autobus voient leur fréquentation chuter inexorablement depuis 1957, et même depuis 1952 pour les lignes urbaines. À partir de 1966, le réseau ferré fléchit à son tour et le nombre de voyages annuels retombe à moins de 1,7 milliard en 1968. Le trafic des autobus en banlieue, qui s'est pourtant stabilisé depuis la fin des années 1950, est désormais également en régression. En 1970, on compte ainsi 40 % de voyageurs en moins dans les autobus par rapport à 1949, et même jusqu'à moins de 50 % dans Paris.

Une meilleure régulation du trafic

Seuls à bord de l'autobus avec la disparition progressive des receveurs, les machinistes ne sont pas pour autant complètement isolés. Après un premier essai en 1969 d'une liaison entre un véhicule et un poste de commandement central, les autobus sont progressivement équipées de radiotéléphones à partir de mai 1972.

Grâce à ce dispositif, les machinistes peuvent rester en contact permanent avec les commandes centralisées des départs installées dans les terminus. Les responsables des lignes peuvent ainsi avoir une meilleure connaissance de ce qui se passe sur le réseau et sont donc en mesure de s'adapter plus rapidement. En février 1979, toutes les lignes seront équipées d'un système de radiotéléphonie.

Paris, 1975. PCL avec chefs de régulation au terminus Château de Vincennes. L'automatisation puis l'informatisation de la régulation du trafic ont permis au bus de se repositionner plus efficacement dans l'espace urbain.

La révolution Orange

Pour endiguer la désaffection que rencontrent les transports en commun et l'autobus en particulier, la RATP réfléchit à un titre de transport unique valable sur l'ensemble du réseau pour une période donnée. Jusqu'alors, la RATP, la SNCF et l'APTR ne cumulaient pas moins de 200 tarifs différents…

PARIS, AVRIL 1976.
Contrôle des titres de transport à l'intérieur d'un Saviem SC 10.
Une affichette rappelle aux voyageurs les mérites de la Carte Orange.

Le principal atout de ce nouveau titre de transport universel est de permettre un nombre de voyages illimités afin de mieux utiliser les heures creuses. Puis, vient se superposer l'idée d'un système simplifié de tarification par zones : il semble en effet nécessaire de réduire les écarts entre les tarifs extrêmes, qui se situent alors dans un rapport de un à douze, et qui pénalisent fortement les usagers effectuant les plus longs trajets. Le nouveau titre de transport devra donc avantager les voyageurs qui vivent loin de leur lieu de travail et qui sont obligés d'utiliser plusieurs modes de transport et/ou d'effectuer de nombreux déplacements, en particulier de banlieue à banlieue. Le rapport de prix entre les zones sera finalement ramené de un à deux et demi.

S'appuyant sur ces principes, la Carte Orange est lancée le 1er juillet 1975. Le succès est d'emblée phénoménal et excède les prévisions les plus optimistes. Plus de 3 millions de coupons mensuels sont vendus en 1975, plus de 11 millions en 1976. Dix-huit mois après son lancement, la Régie estime que 40 % de son trafic provient d'ores et déjà des voyages effectués avec la Carte Orange.

Conjuguée à la reprise des efforts en faveur des couloirs de bus, qui passent de 25 à 70 km entre 1972 et 1975, cette nouvelle tarification est véritablement à l'origine de la spectaculaire résurrection que connaît alors le trafic des autobus dans Paris, notamment sur les trajets courts. On estime cette progression à 21 % en 1975 et 31 % en 1976 (soit 680 millions de voyageurs) après quinze années de régression. Cette résurrection du bus arrive à point nommé, car la suppression pure et simple des autobus avait été envisagée au ministère des transports.

Dans un premier temps, le trafic augmente sans qu'il y ait pour autant un accroissement du nombre d'autobus : ce sont à l'évidence les nouvelles méthodes commerciales qui ont permis de redresser une situation critique en améliorant le taux de remplissage des véhicules.

Dans un deuxième temps, cette politique tarifaire avantageuse s'accompagne d'une augmentation du nombre de bus, surtout dans Paris.

Par son succès massif et rapide, la Carte Orange a ainsi radicalement et profondément changé le visage de la RATP, dès lors convaincue de la nécessité d'expliquer et de promouvoir ses services auprès des Franciliens.

Des véhicules qui s'adaptent aux besoins

Pendant les années 1970, les plus anciens modèles d'autobus sont progressivement réformés, comme par exemple les Chausson APVU, dont le dernier circulera en juin 1976.

Au début des années 1980, ce sont les bus standards qui arrivent en fin de vie. Une version très modernisée du Saviem SC 10, le SC 10R, est commandée en masse (1 598 voitures) et la livraison des premiers exemplaires débute fin 1981. Elle se poursuivra jusqu'en 1988. Au total, il aura circulé sur le réseau francilien près de 5 000 autobus bâtis sur le standard défini en 1964. Et ce n'est qu'en 2002 que les derniers rentreront définitivement au dépôt.

Toutefois, même modernisés, les bus standards ne correspondent plus aux attentes des voyageurs en matière de confort et de qualité. Vingt ans après, la RATP se penche à nouveau sur une redéfinition de son matériel roulant.

PARIS, 1983. Minibus Heuliez en circulation sur la butte Montmartre.
Par la suite, les minibus à essence seront remplacés par des minibus électriques Van Hool puis des minibus Oreos 55.

Le Montmartrobus (1983)

Créé en février 1983, le Montmartrobus assure toute l'année au départ de la place Pigalle un circuit sur la butte Montmartre, zone hautement touristique, escarpée, où la circulation peut être difficile. Le Montmartrobus dessert tous les points importants de Montmartre (la place du Tertre, le Sacré-Cœur...). La ligne est aujourd'hui équipée en matériel roulant électrique. Les solutions électriques sont l'objet d'expérimentations : deux autobus belges de la firme Van Hool tournent depuis quelques temps sur la ligne. Le premier, à gabarit réduit, sert pour le Montmartrobus. Le second, un bus à gabarit normal, est en service sur la ligne 38. L'achat de ces deux bus par la RATP s'inscrit dans un programme plus large de mise à l'essai des principaux types d'autobus urbains existant sur le marché européen.

À partir de mai 1983, les rues de Paris et de la banlieue, et plus précisément sur les lignes 91 et 183, découvrent ainsi un nouveau géant : le Renault PR 180, autobus articulé à grande capacité (près de 150 places). Outre sa taille, ce nouvel autobus apporte une innovation majeure en terme d'usage : il n'est plus nécessaire de monter à l'avant et toutes

Début des années 1990. Un oblitérateur mécanique dans un autobus RVI R312.

1994. Lecteur de pass à contact optique en essai dans un autobus R312 de la ligne 46.

Évolution de la tarification

Aujourd'hui, la RATP conçoit sa tarification de façon à ce qu'elle soit la plus simple possible et la plus adaptée aux comportements de ses clients. Afin d'y parvenir, la tarification a toujours évolué dans le sens de la multimodalité, c'est-à-dire qu'elle permet l'accès à plusieurs modes de transport et l'intégration entre les différents réseaux de transports en commun d'Ile-de-France. Elle a ainsi connu plusieurs grandes étapes :

- 1941 : module de tarification unique métro et bus ;
- 1967 : restructuration du tarif bus avec l'introduction du sectionnement ;
- 1975 : création de la Carte Orange ;
- 1995 : tarif unique pour le bus à Paris ;
- 1998 : création de la carte imagine R ;
- 1999 : instauration du billet unique pour toutes les lignes régulières d'autobus RATP (sauf Orlybus, Roissybus, Balabus, 221, 297, 299, 350, 351) et tarif unique pour les bus banlieue RATP (section de référence de 12,5 km) ;
- 2003 : création du ticket T (billetterie unique pour un usage alternatif sur le métro, le RER dans Paris, le bus RATP et le bus OPTILE).

Le ticket unique

Avant 1941, le métro et le bus vivent séparément et chaque réseau a ses propres titres de transport. L'année 1941 est marquée par la création du module de tarification unique avec la suppression de la 1re classe dans les autobus.

Du 21 mars 1943 au 1er août 1958, on assiste à la mise en place de billets permettant deux voyages (pour économiser la cartonnette), vendus par carnets de cinq.

En 1967, est mise en place une nouvelle règle d'harmonisation des prix dans le bus, le métro et le réseau banlieue SNCF. Simultanément, s'effectue une restructuration tarifaire des réseaux d'autobus, avec indexation des tarifs de la RATP et de la SNCF sur un module d'application unique « v » égal au prix du billet de métro de 2e classe vendu en carnet.

Par la suite, le 1er octobre 1968, sont créés les billets « métro-autobus », valables indifféremment sur les deux réseaux.

Le 1er juillet 1972, les cartes hebdomadaires SNCF/métro urbain sont étendues aux lignes d'autobus de Paris pour un parcours de deux sections.

La Carte Orange

Le 1er juillet 1975, la Carte Orange est mise en place. Il s'agit du premier titre multimodal de transport, commun à l'ensemble des entreprises qui assurent la desserte de la Région des transports parisiens : RATP, SNCF et APTR, (devenue en 2000 OPTILE après sa fusion avec l'ADATRIF). Sa création répond à deux objectifs précis :

- diminuer les dépenses des voyageurs effectuant les parcours les plus longs et/ou multimodaux ;
- proposer aux salariés un titre avantageux pour les trajets domicile-travail avec remboursement à hauteur de 50 % par leur employeur (après la décision de 1982).

À cette carte, est appliquée une tarification par zones, existant pour la 2e comme pour la 1re classe. Cinq zones concentriques couvrent ainsi l'ensemble de la région des transports parisiens.

La Carte Orange matérialise en fait ce qui deviendra un véritable « système orange », constitué d'une structure et d'une gamme de titres orange :

- 1er juillet 1976 : création de la Carte Orange annuelle ;
- 1981 : relance de la Carte Orange annuelle. Ce projet de relance passe par une modification de la Carte Orange annuelle, une élimination des caractéristiques dissuasives et la mise en place du paiement échelonné et du remplacement une fois par an en cas de perte ou de vol ;
- 1er novembre 1982 : création d'un nouveau titre dénommé « coupon jaune » hebdomadaire ayant les mêmes caractéristiques que la carte orange mensuelle ;

Années 1980. Affiche publicitaire qui utilise la plate-forme ouverte d'un autobus Saviem SC10 UMA.

dénommé « coupon jaune » hebdomadaire ayant les mêmes caractéristiques que la carte orange mensuelle ;

- 1er mai 1984 : création de la Carte Intégrale, qui se substitue à la Carte Orange annuelle ;
- 1er janvier 1991 : extension de la gamme des titres Carte Orange à 8 zones (qui couvre maintenant la totalité de l'Île-de-France, découpée en 8 zones tarifaires et qui permet d'accéder à tous les réseaux).

Restructuration tarifaire

La restructuration tarifaire des réseaux d'autobus a débuté avec le sectionnement de 1967. Le nombre de paliers tarifaires a été ramené à deux sur les lignes urbaines, à quatre sur les lignes de banlieue et pour la ligne PC. La valeur du ticket d'autobus était alors égale à la moitié du prix du billet de métro. À partir du 15 juillet 1967, on a donc :

- 2 tickets d'autobus pour 1 ou 2 sections ;
- 4 tickets d'autobus pour 3 à 5 sections ;
- 6 tickets d'autobus pour 6 à 8 sections ;
- 8 tickets d'autobus pour 9 sections et plus.

Ce système a été complètement réformé avec l'introduction en 1995 de la tarification unique. Un seul billet permet désormais tout trajet sur une ligne à l'intérieur du boulevard périphérique.

- 1er août 1995 : mise en place du tarif unique sur les bus de Paris et possibilité d'un 2e ticket sur les lignes sortant de Paris ;
- 1er avril 1997 : lancement de Mobilis (ex-« Formule 1 »), équivalent d'une Carte Orange pendant une journée ;
- 1er septembre 1998 : création de la carte imagine R pour les jeunes ;
- 1er septembre 1999 : instauration du billet unique pour la banlieue, étendu à toutes les lignes régulières d'autobus RATP (sauf Orlybus, Roissybus, Balabus, 221, 297, 299, 350, 351) et à plus de la moitié des lignes APTR et ADATRIF ;
  – 716 lignes n'auront qu'une seule section (280 de la RATP, 456 des autres opérateurs) ;
  – 178 lignes auront 2 sections ;
  – 166 lignes auront 3 ou 4 sections.
- Octobre 2000 : dézonage pendant les petites vacances sur le titre imagine R.

Paris, décembre 1994.
Une utilisatrice présente sa Carte Orange au machiniste lors de la montée dans un RVI SC 10 R.

La télébillettique

La télébillettique constitue une grande révolution technologique pour la RATP. Le ticket de métro et la Carte Orange, qui ont connu leurs heures de gloire au xxe siècle, vont progressivement laisser la place à une nouvelle génération de titres de transport utilisant une carte à puce pouvant être (re)chargée avec ou sans contact.

Les conséquences commerciales ouvertes par ce nouveau procédé seront très nombreuses :

- réduction de la fraude par falsification de titres ;
- plus grande souplesse dans la politique tarifaire ;
- fiabilité et performances accrues des systèmes de comptage des flux ;
- suivi personnalisé des consommations ;
- support de prestations complémentaires au transport ;
- extension des applications dans le secteur du tourisme ;
- possibilité de porte-monnaie électronique...

Mars 1998.
Nouveau valideur magnétique de tickets sur la ligne 62.

Septembre 2003.
Pass Navigo devant son valideur optique.

1976-2006

BILLETTERIE DES LIGNES

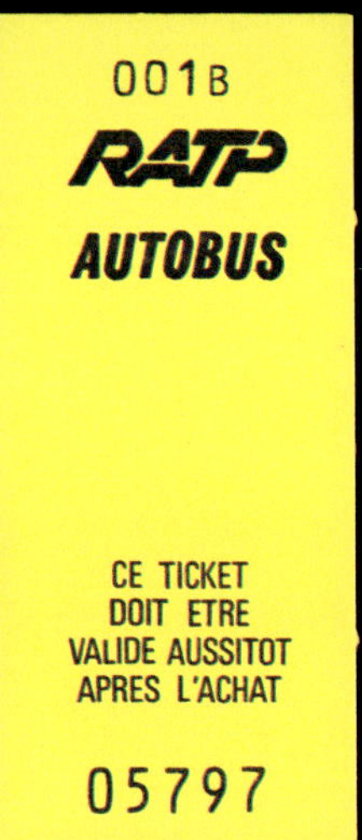

1

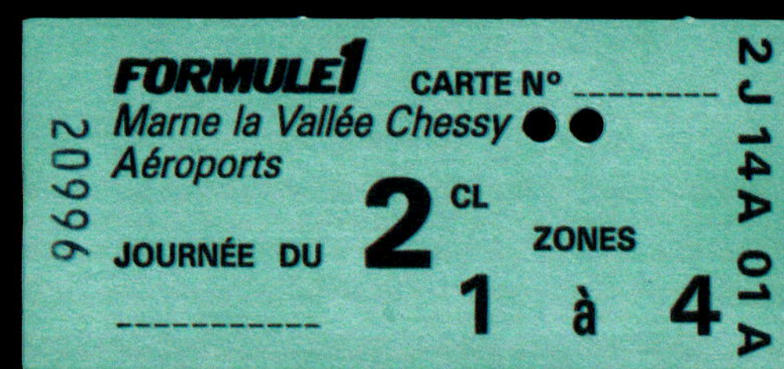

4

2

3

5

LE TOUT PREMIER TICKET DISTINCT «AUTOBUS» en cartonnette jaune citron avec bande magnétique au verso (n° 1) apparaît en 1986 pendant la période «ticket chic et choc». Dès juillet 1975, les coupons mensuels de Carte Orange (n° 2) concrétisent l'intégration tarifaire des réseaux d'Île-de-France.

Viennent ensuite les coupons hebdomadaires, annuels de la Carte Intégrale (n° 3) en 1982 et un forfait journée «Formule 1» (n° 4) en 1985, rebaptisé «Mobilis» (n° 5)

DU RESEAU ROUTIER PARISIEN

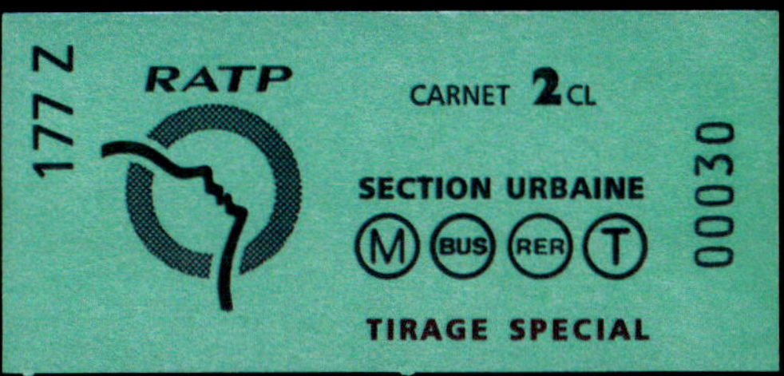

6

7

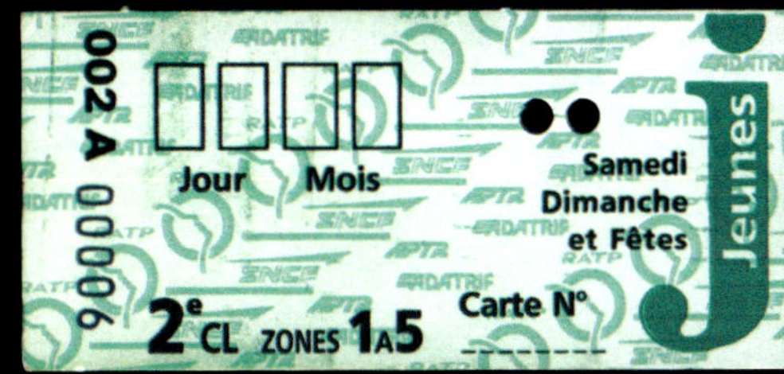

8

© Collection Philippe Février

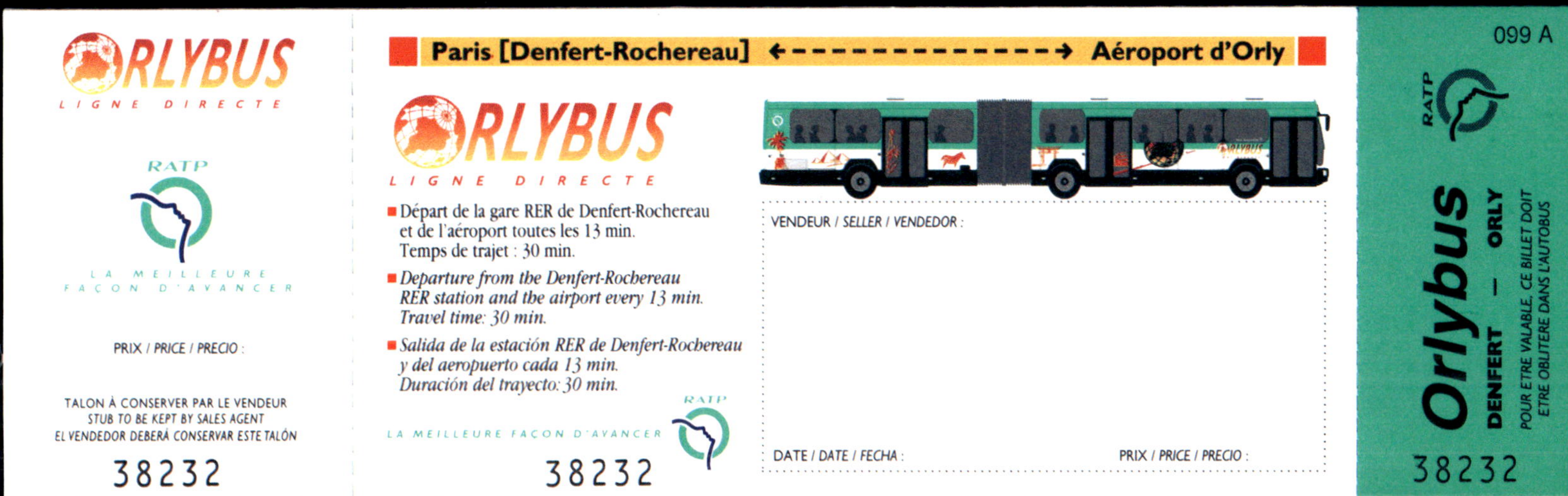

9

en 1997. La nouvelle identité visuelle orne le nouveau ticket vert jade (n° 6) en mars 1992. Le tarif « Jeunes » pour le week-end (n° 8) et l'abonnement annuel « Imagine R » (n° 7) permettent de cibler une clientèle spécifique. L'autobus s'affiche sur les tickets spéciaux « Orlybus » et « Roissybus » (n° 8) en circulation respectivement depuis 1986 et 1992.

BILLETTERIE DES LIGNES

1

2

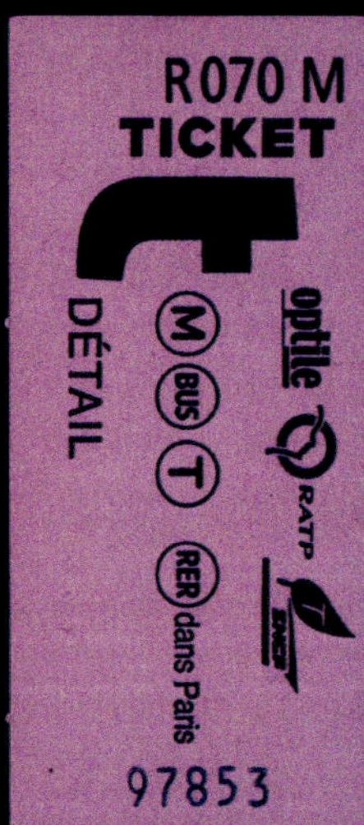

3

4

Au printemps 1982, le nouveau billet de tourisme « Paris Sésame » (n° 1) est mis en vente. Il deviendra « Paris Visite » en 1989 (n° 2). Au début de l'année 2003, le ticket devient mauve (n° 3). Depuis février 2005, les Parisiens et les habitants de la toute proche banlieue, zones 1 et 2, abonnés à la Carte Orange peuvent utiliser un pass Navigo (n° 4), un projet régional mis en œuvre par tous les transporteurs franciliens – RATP, SNCF, Optile – sous l'égide du Syndicat des transports d'Île-de-France (STIF). Depuis mi-mai 2006, c'est au tour de tous les Franciliens, sans restriction de zones, d'en bénéficier. Les voyageurs qui empruntent le bus activent leur pass devant le valideur optique placé à l'entrée. Pour que ses données personnelles ne soient pas intégrées dans la puce, l'usager doit s'acquitter de 5 euros.

À côté de ces nouveaux titres de transport numériques, la RATP s'associe à de grandes occasions en éditant des billets événementiels et spéciaux qui font le bonheur des collectionneurs !

DU RÉSEAU ROUTIER PARISIEN

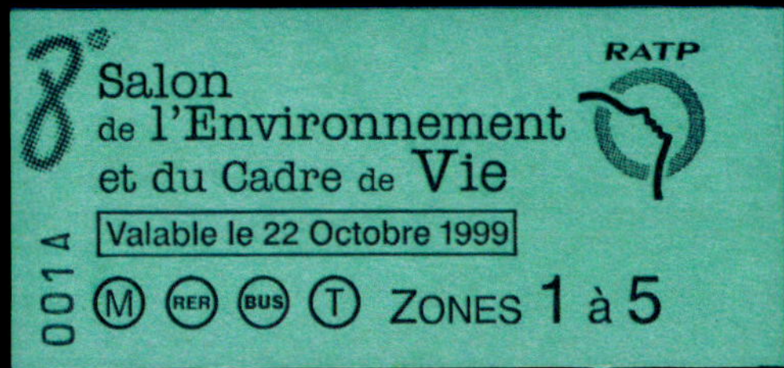

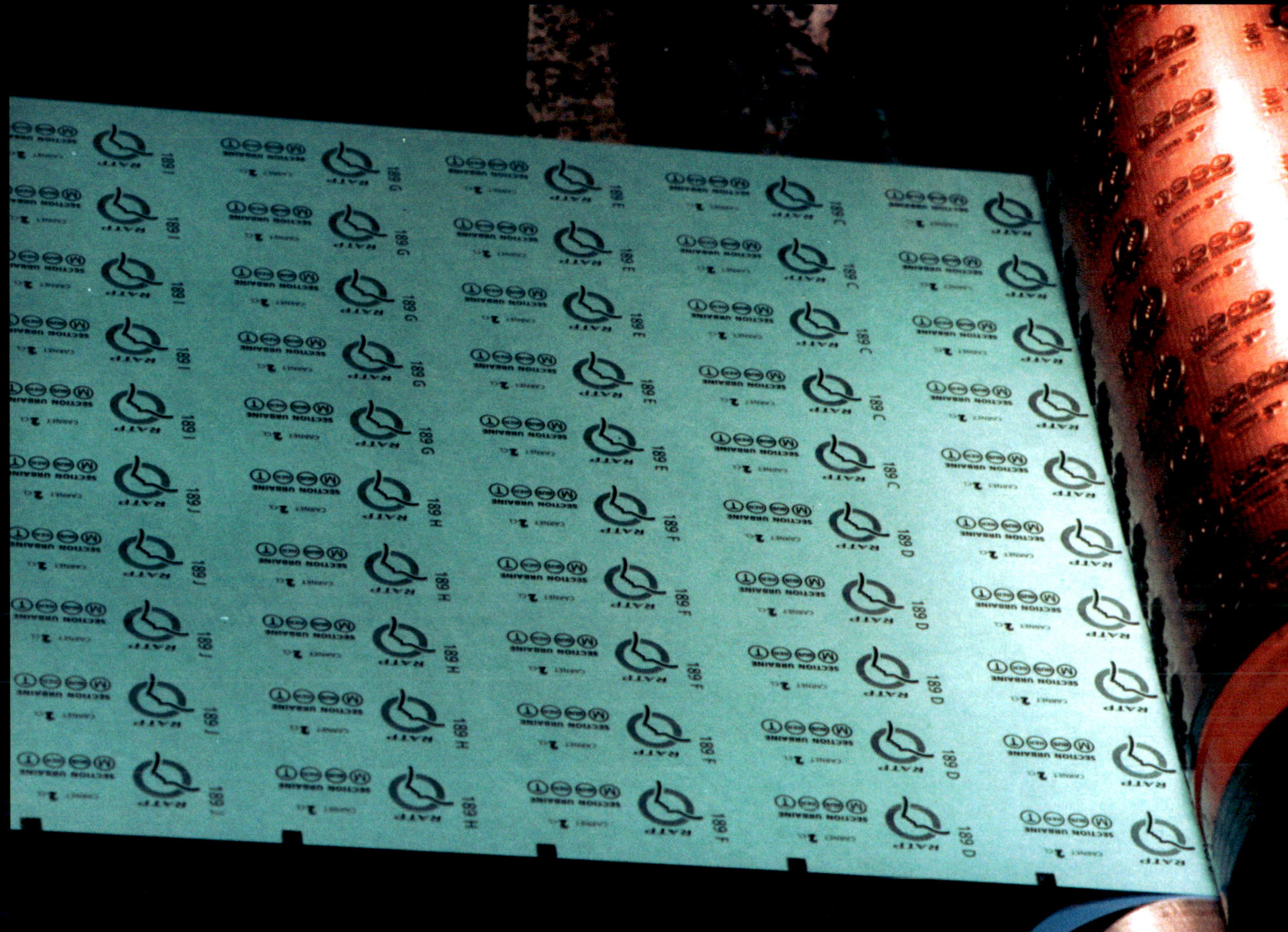

1992. Le tambour de la matrice à imprimer les tickets vert jade.

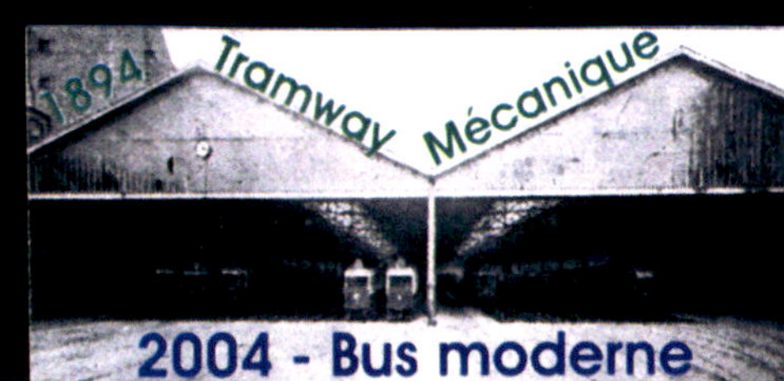

PARIS, MARS 1985.
Les essais sans voyageur de l'autobus Renault R312 dans sa nouvelle livrée à pois verts (qui sera abandonnée peu après). Derrière, un SC10R (restylé) de la ligne 89 en service.

les portes peuvent être utilisées en libre-service pour la montée et pour la descente.

Les réflexions lancées sur le remplacement des bus standards aboutissent, en 1985, à l'essai d'un prototype Renault, le R312, sur la ligne 21. L'une des spécificités du R312 est le positionnement de son moteur à l'arrière, ce qui permet de dégager complètement l'habitacle. En juin 1988, le R312 est mis en service sur la ligne 38. Avec son accès facilité et son confort amélioré, il devient le nouveau fleuron de la flotte d'autobus de la RATP.

Le programme Autrement Bus à la reconquête de la banlieue

Même si le bus a regagné du terrain à Paris, le constat ne vaut pas pour la banlieue. L'évolution du réseau de bus en banlieue est assez paradoxale. En un quart de siècle, la taille du réseau a plus que doublé, passant de 80 lignes en 1950 à 175 en 1987, le nombre de places/km passant de 674 millions en 1950 à près de 1 975 millions en 1987. Pourtant, le trafic est resté sensiblement équivalent : on comptait 420 millions de voyages en 1950 et 446 millions en 1987.

Cette situation est en fait facilement compréhensible si l'on se place du point de vue du banlieusard : au début des années 1970, la plupart des gens travaillent à Paris et se déplacent entre la banlieue et la capitale, ce qui correspond au tracé des lignes de bus existantes. Mais, en 1987, le constat est tout autre. Les mobilités se font majoritairement de banlieue à banlieue. Malgré la création de lignes (la série des 300) qui effectuent des trajets entre villes de la périphérie parisienne, le bus ne parvient pas à concurrencer la voiture, d'autant plus que les trajets domicile-travail ne représentent plus cette année-là que 28 % des déplacements. Le développement des loisirs entraîne en effet l'utilisation préférentielle de la voiture au détriment du bus, jugé moins attractif et fonctionnel.

Face à cette situation, la Régie concentre ses efforts sur des zones ciblées. La banlieue parisienne est ainsi découpée en une quinzaine de zones qui permettent une approche locale pour restructurer son réseau. L'opération Canal Bus, visant à promouvoir le bus en heure creuse en banlieue, est ainsi lancée en 1985 autour de Gennevilliers.

En 1989, la RATP engage une nouvelle opération, Autrement Bus, destinée à revitaliser l'usage du bus en banlieue. Ce projet s'articule autour de trois axes : mieux s'adapter aux besoins de la clientèle, accentuer l'effort d'information auprès du public et

Paris, mars 1994.
Le Roissybus de type PR 100-2 non articulé, place de l'Opéra.
Par la suite, la liaison avec l'aéroport Roissy Charles-de-Gaulle, ainsi qu'avec Orly, sera assurée par des autobus Scania articulés.

Le Roissybus (1992)

L'un des nouveaux besoins est lié au développement économique et touristique de la capitale : il s'agit d'améliorer la liaison entre le centre de Paris et les aéroports. Après le lancement couronné de succès d'Orlybus en août 1983, la RATP se penche sur la desserte de l'aéroport de Roissy Charles-de-Gaulle. Le projet de mettre en place une ligne directe est accepté en 1991 et Roissybus est finalement mis en service le 1er décembre 1992.

Pour être attractive, la desserte par Roissybus se doit d'offrir un service efficace et de qualité, bien adapté à une clientèle aérienne. Le terminus parisien est ainsi fixé à l'Opéra, centre du quartier des affaires de la capitale, lieu principal d'origine et de destination des passagers de Roissy, mais aussi important nœud de communication où se croisent la ligne A du RER, trois lignes de métro et douze lignes d'autobus. Le voyage, quant à lui, ne dure que 45 minutes et des itinéraires de substitution sont prévus en cas de problèmes de circulation afin de palier les retards éventuels.

Berliet PR 100

L'évolution des techniques permet à partir de la fin des années 1960 de réaliser l'installation du moteur à l'arrière des véhicules. Cette disposition a pour avantage un meilleur accès en cas d'avarie ou d'entretien et dégage totalement la surface intérieure de la voiture. Si la partie avant du plancher peut être abaissée jusqu'à environ 70 cm, cette disposition engendre une surélévation de sa partie arrière. Les PR 100 sont mis à l'essai sur la ligne 28, Gare Saint-Lazare – Porte d'Orléans. Ils sont ensuite versés sur les lignes de grande banlieue ou comportant un trajet sur autoroute.

- Mise en circulation : 1974 à 1993
- Nombre de bus mis en service : 107 (tous les PR 100)
- Retrait : novembre 2002
- Carburant : diesel
- Moteur : Perkins V8 puis Berliet puis MIDS (séries PR 100 MI)
- Puissance : 180 CV
- Vitesse maximale : 90 km/h
- Longueur : 11,35 m
- Largeur : 2,5 m
- Hauteur : 2,94 m
- Places assises : 38
- Places debout : 32
- Poids à vide : 9,1 t
- Poids en charge : 13,5 t

RVI SC 10 R (restylé)

Après la reprise de Saviem par Renault, la chaîne de construction des SC 10 est maintenue. En 1980, le SC 10 bénéficie d'une cure de jouvence : les ateliers de Renault redessinent l'avant de la caisse en l'adaptant aux normes esthétiques en vigueur. Il en découle le SC 10 R (« R » pour restylé) qui, du reste, reprend exactement les mêmes caractéristiques que le SC 10 UO. Afin de remplacer les premiers SC 10 à plate-forme arrière ouverte, la RATP commande une dernière série construite à partir de SC 10 R. Il s'agit des derniers autobus à plate-forme en service à Paris.

- Mise en circulation : 1981 à 1988
- Nombre de bus mis en service : 1 596 et 35 SC 10 RA (à plate-forme)
- Retrait : février 2002
- Carburant : diesel
- Moteur : MAN à 6 cylindres
- Puissance : 144 CV
- Vitesse maximale : 65 km/h
- Longueur : 11 m
- Largeur : 2,5 m
- Hauteur : 2,94 m
- Places assises : 33
- Places debout : 45
- Poids à vide : 8,2 t
- Poids en charge : 12,6 t

RVI R 312 TROIS PORTES

La RATP et Renault mettent au point un nouveau véhicule dont le plancher est abaissé, mais présente encore un emmarchement. Le R312 comporte un moteur à l'arrière situé verticalement, ce qui permet de maintenir un plancher plat sur toute la longueur du véhicule. L'aménagement d'une troisième porte, idée reprise des anciennes voitures à deux agents, permet une nette amélioration des aménagements intérieurs de la voiture et surtout une accélération importante des mouvements des voyageurs. Malheureusement, la hausse de la fraude pousse la RATP à abandonner ce système pourtant efficace et à revenir à l'autobus à deux portes.

- Mise en circulation : juin 1988 sur la ligne 38
- Nombre de bus mis en service : environ 900
- Retrait : en cours de réforme depuis 2001
- Carburant : diesel
- Moteur : Renault MIDS ou MIDR à 6 cylindres
- Puissance : 206 CV à 1 900 t/mn
- Vitesse maximale : 70 km/h
- Longueur : 11,9 m
- Largeur : 2,5 m
- Hauteur : 3,09 m
- Places assises : 28 à 31
- Places debout : 70 à 77
- Poids à vide : 11,62 t
- Poids en charge : 18,28 t

RVI PR 180-2 LIVRÉE TVM

Il faut attendre le 30 avril 1983 pour voir apparaître sur le réseau parisien les premiers autobus articulés de type PR180. Puis, rapidement, afin de compléter le parc d'autobus articulés, la RATP passe une nouvelle commande d'autobus Renault de type PR180-2. Dans l'ensemble des paramètres, ces voitures sont identiques au PR180. Seul l'avant du véhicule est modifié par le retrait du capot de girouette et un nouveau dessin du pare-chocs.

- Mise en circulation : 1984
- Nombre de bus mis en service : 326
- Retrait : 2003
- Carburant : diesel
- Moteur : MIPR à 6 cylindres
- Puissance : 240 à 253 CV
- Vitesse maximale : 60 km/h à 90 km/h (Orlybus)
- Longueur : 17,67 m
- Largeur : 2,5 m
- Hauteur : 3,05 m
- Places assises : 35
- Places debout : 105
- Poids à vide : 16,5 t
- Poids en charge : 27 t

Heuliez GX 317

Le GX317 est la version de l'Agora de Renault carrossée par Heuliez.

- Mise en circulation: février 1995 à décembre 1996
- Nombre de bus mis en service: 124
- En service (2006)
- Carburant: diesel
- Moteur: Renault MIDR à 6 cylindres
- Puissance: 206 CV à 1 900 t/mn
- Vitesse maximale: 67 à 80 km/h suivant le modèle
- Longueur : 11,99 m
- Largeur : 2,5 m
- Hauteur: 2,8 m
- Places assises: 24 (version trois portes) à 28 (version deux portes)
- Places debout: 67 (version deux portes) à 89 (version trois portes)
- Poids à vide: 11,56 t
- Poids en charge: 19 t

RVI Agora

La nécessité de moderniser le parc routier par des autobus à plancher surbaissé pousse Renault à concevoir un nouvel autobus dérivé du R312. L'esthétique de la caisse est entièrement nouvelle. Le plancher est abaissé à 0,30 m du sol, permettant la suppression de l'emmarchement intermédiaire. Les Agora de série étaient conçus pour une exploitation à trois portes. La RATP ne souhaitant pas ce schéma de caisse, la porte arrière fut donc remplacée par un panneau plein.

- Mise en circulation: 9 décembre 1996 au 7 septembre 2001
- Nombre de bus mis en service: 115 (version V0) et 1 222 (version V2)
- En service (2006)
- Carburant: diesel et aquazole
- Moteur: Renault MIDR à 6 cylindres
- Puissance: 206 CV à 2 100 t/mn
- Vitesse maximale: 70 km/h
- Longueur : 11,99 m
- Largeur : 2,5 m
- Hauteur: 2,93 m
- Places assises: 27 à 28
- Places debout: 67 à 68
- Poids à vide: 11,64 t
- Poids en charge: 19 t

RVI Agora-L (articulé)

Dans le cadre du renforcement du parc d'autobus articulés lors du remplacement des SC 10 R de la ligne PC et du remplacement des PR 180, Renault livre à la RATP 321 autobus Agora articulés de type Agora-L (L pour « long »). L'esthétique de la caisse est identique aux Agora V2 avec demi-caisse supplémentaire à l'arrière. La caisse avant est raccourcie d'une demi-baie. Les premières séries sont équipées d'un pare-choc blanc, comme l'étaient les Agora de la toute première série, V0. La climatisation équipe une partie de la série.

- Mise en circulation : juin 1997 à octobre 2001
- Nombre de bus mis en service : 321
- En service (2006)
- Carburant : diesel et aquazole
- Moteur : Renault MIDR à 6 cylindres
- Puissance : 253 CV à 2 100 t/mn
- Vitesse maximale : 65 km/h
- Longueur : 17,8 m
- Largeur : 2,5 m
- Hauteur : 2,93 m
- Places assises : 37 à 38
- Places debout : 117 à 118
- Poids à vide : 17,3 t
- Poids en charge : 30 t

RVI Agora GNV

La volonté de réduire la pollution urbaine motive les exploitants à chercher des solutions pour limiter les rejets polluants des autobus dans l'atmosphère. Les constructeurs proposent une nouvelle version d'autobus fonctionnant au gaz, étonnante résurgence (sous une forme moderne), d'un système d'alimentation ayant eu un certain succès de nécessité durant la Seconde Guerre mondiale... Renault fournit à la RATP une série de 90 autobus Agora fonctionnant au gaz naturel de ville (GNV). Ce carburant permet de réduire les émissions de gaz carbonique.

- Mise en circulation : 21 juin 1999 au 18 avril 2001
- Nombre de bus mis en service : 90
- En service (2006)
- Carburant : GNV (gaz naturel de ville)
- Moteur : Renault MGDR A491GazH à 6 cylindres
- Puissance : 253 CV à 2 100 t/mn
- Vitesse maximale : 65 km/h
- Longueur : 11,99 m
- Largeur : 2,5 m
- Hauteur : 3,37 m
- Places assises : 27
- Places debout : 66
- Poids à vide : 12,43 t
- Poids en charge : 19 t

Heuliez GX 317 GPL

Simultanément à la livraison des Agora GNV, une série de 57 Heuliez GX 317 fonctionnant au gaz de pétrole liquide (GPL), est livrée au réseau parisien. Leur mise en service s'inscrit dans l'effort de la RATP pour développer des carburants moins polluants. L'esthétique du GX 317 GPL est parfaitement identique à celle des GX3 17 à deux portes. Il sont livrés à la RATP entre mai et octobre 1999. Deux réservoirs de GPL en acier, d'une capacité de 300 l chacun (capacité utile de 450 l; remplissage limité automatiquement à 80 % de la capacité), sont placés sur le pavillon du véhicule.

- Mise en circulation : 1999
- Nombre de bus mis en service : 57
- En service (2006)
- Carburant : GPL (gaz de pétrole liquide)
- Moteur : DAF RG170LPG à 6 cylindres
- Puissance : 231 CV à 2 000 t/mn
- Vitesse maximale : 65 km/h
- Longueur : 11,99 m
- Largeur : 2,5 m
- Hauteur : 3,23 m
- Places assises : 27
- Places debout : 65
- Poids à vide : 12,1 t
- Poids en charge : 19 t

Mercedes Citaro

Les PR 100 affectés aux lignes de grande banlieue arrivant en fin de carrière, la RATP commande pour les remplacer une série de 70 autobus Mercedes de type Citaro. Ces véhicules, existant à plusieurs centaines d'exemplaires en Allemagne, représentent un des modèles d'autobus les plus répandus en Europe. Le moteur du Citaro, monté horizontalement sous le plancher arrière, est décalé vers la gauche.

- Mise en circulation : 4 décembre 2001 au 19 juin 2002
- Nombre de bus mis en service : 70
- En service (2006)
- Carburant : diesel
- Moteur : Mercedes OM906H à 6 cylindres montés en ligne
- Puissance : 279 CV à 2 300 t/mn
- Vitesse maximale : 90 km/h
- Longueur : 11,95 m
- Largeur : 2,55 m
- Hauteur : 3,08 m
- Places assises : 38
- Places debout : 55
- Poids à vide : 11,5 t
- Poids en charge : 18,5 t

MAN NL223

Si les SC10 étaient déjà équipés d'un moteur MAN, le réseau parisien n'avait encore jamais été desservi par des autobus de ce constructeur allemand. En 2003, la RATP réceptionne le premier NL223 d'une série qui, à la fin de 2004, comporte 180 véhicules. Particulièrement réussi, le NL223 offre un confort nettement amélioré par rapport à l'Agora. L'ergonomie des banquettes, en particulier, est très bien étudiée. Le moteur est, en revanche, plus bruyant.

- Mise en circulation : 16 janvier 2003 au 15 septembre 2004
- Nombre de bus mis en service : 180
- En service (2006)
- Carburant : diesel
- Moteur : DOLUH02 Euro2 à 6 cylindres en ligne couchée
- Puissance : 220 CV à 2 400 t/mn
- Vitesse maximale : 70 km/h
- Longueur : 11,95 m
- Largeur : 2,5 m
- Hauteur : 2,76 m
- Places assises : 28
- Places debout : 67
- Poids à vide : 11,5 t
- Poids en charge : 18 t

Scania Omnicity articulé livrée Orlybus

Afin de remplacer les PR180-2 de la ligne 283 (Orlybus), la RATP réceptionne une petite série de onze autobus articulés de type Omnicity, construits par Scania. Ces véhicules particulièrement soignés rompent avec l'esthétique habituelle de Renault. Le plancher de ces voitures est entièrement surbaissé. Le moteur est placé à l'arrière.

- Mise en circulation : 25 octobre 2002 au 31 mars 2003
- Nombre de bus mis en service : 11
- En service (2006)
- Carburant : diesel
- Moteur : DC902 transversal incliné à 60° à 6 cylindres
- Puissance : 260 CV à 2 000 t/mn
- Vitesse maximale : 95 km/h
- Longueur : 17,99 m
- Largeur : 2,5 m
- Hauteur : 2,97 m
- Places assises : 55
- Places debout : 77
- Poids à vide : 16,1 t
- Poids en charge : 29 t

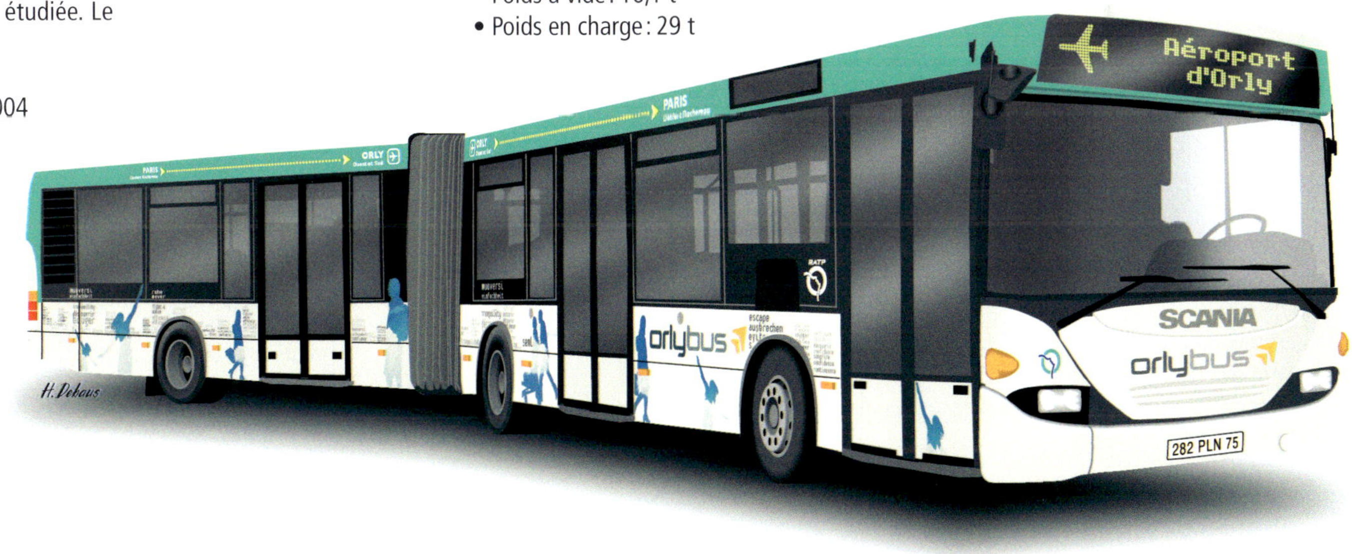

la promotion des services et, enfin, impliquer davantage les dépôts dans la conduite d'opérations et dans le suivi des actions commerciales. C'est par la satisfaction des voyageurs que la RATP espère augmenter son trafic.

THIAIS, OCTOBRE 1993.
Un autobus RVI PR 180 de la ligne Trans Val-de-Marne en circulation dans son « site propre intégral » peu après la mise en place de la ligne. Les véhicules du TVM ont une livrée unique, particulière à la ligne.

LE TRANS VAL-DE-MARNE (1993)

En octobre 1993, la RATP lance un nouveau service innovant afin de répondre aux exigences de rapidité, de régularité et de confort pour le transport de banlieue à banlieue. Ligne de bus articulés circulant entièrement en site propre, le Trans Val-de-Marne relie le marché de Rungis à la gare RER de Saint-Maur-Créteil en suivant un parcours de 12,5 km de long. Ce projet, couplé à une opération Autrement Bus et réalisé grâce à l'étroite collaboration d'acteurs essentiels des transports publics en Île-de-France (État, Région, Direction départementale de l'équipement, RATP) marque une étape importante dans la reconquête de la banlieue par le bus.

Autrement Bus est une opération destinée à améliorer la relation entre les Franciliens et leur bus. La restructuration du réseau qu'elle implique se traduit par l'amélioration de la circulation des bus (élimination de points de circulation difficiles et des détours inutiles) et des correspondances entre les lignes.

Une des priorités d'Autrement Bus est de s'attaquer à la complexité de l'usage du bus en banlieue : l'objectif est de pouvoir se déplacer en bus aussi facilement qu'en métro. La numérotation à indice alphabétique est supprimée, alors qu'un code couleur est instauré pour différencier les lignes. L'information voyageur est ainsi rendue plus moderne et accessible. Les terminus et les abribus sont également rénovés.

Les modifications de trajet ou l'aménagement nécessaire de la voirie envisagés nécessitent souvent d'âpres négociations avec les élus locaux. Une fois un accord trouvé, il faut également l'assentiment de la Direction régionale de l'équipement et du STP (Syndicat des transports parisiens), qui cofinancent en partie les opérations avec la Région. STP et Région couvrent environ 80 % du budget, qui s'élève pour chaque opération Autrement Bus à 40 à 50 millions de francs.

Lancée début 1989 dans le secteur de Bagneux, Châtillon et Clamart, la démarche va ensuite s'étendre à trois départements de la petite couronne (Hauts-de-Seine, Val-de-Marne et Seine-Saint-Denis). Conçue de façon globale, elle sera étendue, secteur après secteur, à l'ensemble du réseau d'autobus de banlieue. Ces opérations d'aménagements, qui se dérouleront jusqu'en 1998, sont relayées par

Banlieue parisienne, octobre 1988. Affiche de la campagne « Autrement Bus » sur le flanc d'un SC 10 R (restylé) de la ligne 195. Portée par son slogan « De bus en bus, de ville en ville, de vous à moi, de mieux en mieux », cette opération a pour but de simplifier l'usage de l'autobus.

Au dessus : Logotype de la campagne « Autrement Bus ».

des campagnes promotionnelles dont le slogan est : « De bus en bus, de ville en ville, de vous à moi, de mieux en mieux. »

En atteignant la plupart des objectifs fixés, et en particulier celui de la simplification pour le client, les opérations Autrement Bus vont connaître un grand succès et ainsi réinstaller le bus comme un acteur majeur du transport en banlieue.

Le bus le dimanche et la nuit

Le 21 avril 1966, le Syndicat des transports parisiens approuve pour des raisons budgétaires la suppression, les dimanches et jours fériés, de 36 lignes complètes et de 7 sections de lignes de bus à Paris. Jusqu'alors, toutes les lignes circulaient en effet le dimanche. Depuis cette date, seule l'exploitation des lignes 20 et 27 avait été rétablie. Quant au Montmartrobus, il a, pour sa part, toujours circulé le dimanche.

À Paris, les bus sont moins fréquentés le dimanche (6,8 voyageurs par voiture et par kilomètre contre 9 en semaine). Bien que sans surprise, ce chiffre est cependant supérieur à celui observé dans les villes de province du fait de la forte activité touristique et de loisirs de la capitale.

À partir du 7 janvier 1990, un service est finalement rétabli les dimanches et jours fériés sur plusieurs lignes de bus dans Paris. Cette décision

fait suite à de nombreuses demandes de voyageurs et d'élus parisiens. Elle annonce à plus ou moins long terme une refonte en profondeur du service dominical.

Une quinzaine de demandes de remise en service sont ainsi faites tous les six mois par les élus. Ce phénomène est appuyé par les usagers. Seule la ligne 60 est rétablie sur l'intégralité de son parcours. Les lignes 29, 58, 65 et 67 sont pour leur part exploitées partiellement. Quant à la ligne 95, elle sera prolongée le dimanche de la gare Montparnasse à la porte de Vanves par l'itinéraire de la ligne 48 (à l'image de ce qui se fait aujourd'hui avec la ligne 80).

Le choix de remettre ces lignes en service plutôt que d'autres se fonde sur trois critères :

- le nombre de demandes émanant de voyageurs et d'élus ;
- la nature des lieux desservis (gares, hôpitaux, zones d'activité de loisirs tels que musées ou espaces verts…) ;
- la complémentarité avec les dessertes assurées par le métro ou le RER.

Par ailleurs, priorité est donnée à l'amélioration des dessertes par autobus des quartiers périphériques (XIIe, XIIIe, XIVe, XVe et XIXe arrondissements).

PARIS, JUIN 2002. Un « Balabus » RVI Agora passe au pied de la Tour Eiffel et s'engage sur le pont d'Iéna.

PAGE DE DROITE : PARIS, DÉCEMBRE 1994. Un autobus RVI R312 sur le boulevard Haussmann, illuminé par les animations de Noël des grands magasins.

A LOUER
DE BUREAUX

PARIS, JUILLET 2000. Dans les environs de la Porte d'Italie, un autobus RVI Agora (équipé depuis 1999 de filtre à particules) de la ligne PC 2 sur son « site propre » avec piste cyclable.

LA TRANSFORMATION DU PC (1999)

À partir d'octobre 1999, est lancée une restructuration de la ligne PC (petite ceinture), qui parcourt les boulevards qui encerclent la capitale. La ligne est ainsi scindée en trois arcs indépendants, avec des secteurs de recouvrement :

- le PC 1, Porte de Charenton – Porte de Champerret, couvre un parcours de 17,5 km. Près de 9 km d'aménagement de sites protégés sont réalisés et 90 % des points d'arrêts sont équipés de bornes d'information pour les voyageurs. L'information et la régulation se font grâce au système Aigle ;
- le PC 2, Porte de la Villette – Porte d'Italie, a un trajet de 11,4 km. Le système Aigle y est opérationnel depuis mars 2000 et le système Altaïr, pour la régulation, depuis mai de la même année. L'information des voyageurs et les sites protégés sont pour leur part mis en service en octobre 2000 ;
- le PC 3, Porte des Lilas – Porte Maillot, circule sur 12 km. Comme pour le PC 2, Aigle y est opérationnel depuis mars 2000, Altaïr depuis mai et la mise en service de l'information aux voyageurs date d'octobre 2000. En revanche, les aménagements de sites protégés sont livrés en octobre 2001.

Le système Balabus est envisagé comme un complément de l'offre de transport dominicale à Paris. Il emprunte l'itinéraire des lignes 24 et 73, qui ne fonctionnent pas le dimanche, et renforce ainsi la desserte des quartiers touristiques de la capitale (Champs-Élysées, Louvre, Notre-Dame…). Le dimanche 15 avril 1989, premier jour de son exploitation, Balabus a transporté 3 000 voyageurs. Certains dimanches, ce chiffre atteint même 3 800 voyageurs, soulignant le succès de l'opération.

Pour répondre aux nouvelles exigences de mobilité des Franciliens, la région Île-de-France, les départements et le Syndicat des transports d'Île-de-France (STIF) ont décidé de créer avec la RATP et la SNCF (via le réseau Transilien) un véritable dispositif de transport public nocturne. Mis en service le 20 septembre 2005, le Noctilien fonctionne toutes les nuits et ses 35 lignes de bus desservent quelque 175 villes d'Île-de-France.

Un repositionnement de l'identité du bus

En 1994, la RATP entreprend de redéfinir l'identité visuelle du bus. La couleur, qui en fait partie intégrante, sert aux voyageurs à mieux repérer les lignes et souligne la qualité de l'offre. Ce principe de repérage date d'ailleurs du début du XXe siècle, quand des bandeaux latéraux arboraient déjà des couleurs spécifiques.

VERNEY RU

Dès la fin des années 1950, le développement de la circulation automobile pousse les pouvoirs publics à envisager de timides mesures pour limiter le trafic dans le centre. Dans ce but, la préfecture de la Seine introduit les « zones bleues » à stationnement à durée limitée. La RATP tente alors d'attirer les automobilistes en mettant en service deux lignes spéciales destinées à desservir ces zones. Ces lignes sont équipées de petits autobus Verney (constructeur installé au Mans). Le RU est une petite voiture à capacité limitée dont le faible gabarit doit permettre une meilleure intégration dans le trafic. Les RU arborent une livrée bleu pâle et blanche. Il est exceptionnellement autorisé de fumer dans la voiture.

- Mise en circulation : 1961
- Nombre de bus mis en service : 60
- Retrait : 1970
- Carburant : diesel
- Moteur : Hispano-Dood à 4 cylindres
- Puissance : 80 CV
- Vitesse maximale : 60 km/h
- Longueur : 7,46 m
- Largeur : 2,5 m
- Hauteur : 2,72 m
- Places assises : 20
- Places debout : 12
- Poids à vide : 5,21 t
- Poids en charge : 7,5 t

VAN HOOL A 508

En 1990, 8 midibus belges Van Hool (entreprise basée à Lier-Koningshooikt en Belgique, fondée en 1947 par Bernard Van Hool) sont livrés à la RATP pour la ligne Montmartrobus. Son plancher à seulement 50 cm du sol permet un accès très aisé. Le moteur est implanté au centre du véhicule, derrière la roue avant gauche. Cette disposition permet d'optimiser l'espace intérieur.

- Mise en circulation : 1990
- Nombre de bus mis en service : 8
- Retrait : 2004
- Carburant : diesel
- Moteur : MAN D0826 TOH
- Puissance : 186 CV
- Vitesse maximale : 60 km/h
- Longueur : 8,94 m
- Largeur : 2,245 m
- Hauteur : 2,88 m
- Places assises : 18
- Places debout : 41
- Poids à vide : 8,45 t
- Poids en charge : 11,5 t

OREOS 55 E

Ce petit véhicule glisse dans la ville sans émettre le moindre bruit ou gaz polluant. La navette Oreos, fabriquée par la firme italienne Technobus, fait partie des véhicules les plus économiques de sa catégorie en Europe. Sur la base de 20 000 km/an, son coût de fonctionnement n'est que de 0,27 euro/km.

- Mise en circulation : 2004
- Nombre de bus mis en service : 12
- En service (2006)
- Carburant : électricité (120 km d'autonomie)
- Moteur : STM 140MR nickel/cadmium
- Puissance : 120 CV à 2 500 t/mn
- Vitesse maximale : 50 km/h
- Longueur : 7,71 m
- Largeur : 2,22 m
- Hauteur : 3,03 m
- Places assises : 17 dont 4 strapontins
- Places debout : 37 strapontins relevés
- Poids à vide : 9,35 t
- Poids en charge : 13 t

Sigle de marquage spécifique sur les autobus parisiens au GNV, au GPL, électriques ou équipés de pots catalytiques.

Cependant, les couleurs précédemment utilisées ne pouvaient être conservées car elles étaient fondées sur la combinaison de deux couleurs de base et elles n'étaient pas utilisables en cartographie. Il s'agissait donc de reprendre entièrement la démarche, avec pour objectif de faciliter le repérage des lignes par les voyageurs et d'en accroître la lisibilité.

Il fallait ainsi mettre au point la gamme de teintes, de façon à ce que chacune soit bien distincte des autres, et que tous les voyageurs, y compris ceux atteints de trouble de la vision, puissent lire la typographie associée. Chaque couleur devait ainsi être repérable quels que soient le mode (peinture, sérigraphie, offset, émaillage…) et le support (acier, aluminium, vinyle, papier, polyester…) de reproduction.

Pour les 210 lignes de bus, 15 couleurs sont finalement déterminées puis attribuées de façon à ce que deux lignes de bus empruntant un même parcours n'aient jamais des couleurs identiques. Dès lors, la couleur de ligne doit se retrouver sur l'ensemble des supports informatifs :

- à l'extérieur comme à l'intérieur des bus : girouette de numéros de lignes à l'avant des véhicules, bandeaux latéraux, plaques d'indice arrière et latérales, plans itinéraires ;
- aux arrêts : informations sur les potelets et sur les abris, y compris sur les différents plans, signalétique de jalonnement dans les gares routière et à certains points de correspondances avec d'autres lignes de transport, bus, métro, RER, tramway, SNCF banlieue ;
- sur les documents d'information : affiches, plans de réseaux, dépliants.

En banlieue, l'attribution des couleurs aux lignes de bus suit enfin partiellement une règle : couleurs chaudes (rouge, jaune, orangé…) pour les radiales

Paris. Boulevard Saint-Michel, un autobus MAN en essai sur la ligne 38 « habillé » des couleurs de l'opération Bus Attitude. Cette campagne vise à promouvoir, à travers l'utilisation de l'autobus, les marques de civilité indispensables à la vie en société, comme la courtoisie, le respect de règles simples ou le fait de s'acquitter d'un service que l'on utilise.

Paris-banlieue et couleurs froides (vert, bleu…) pour les rocades.

De nouvelles préoccupations

Tout au long de son histoire, le bus s'est intégré à la vie quotidienne des Franciliens. Les évolutions du réseau, des services et du matériel ont donc toujours reflété les évolutions de la société. Dans le courant des années 1990, les nouvelles préoccupations sociales et environnementales de la population se sont donc naturellement traduites par des innovations techniques.

À partir d'avril 1995, de nouveaux bus à plancher surbaissé sont ainsi mis en service sur la ligne 20 afin de faciliter l'accès aux véhicules des personnes à mobilité réduite. La nouvelle gamme de bus Agora, qui remplace progressivement la génération des R 312 dont la production a cessé en 1994, confirme cette orientation. Les premiers d'entre eux sont mis en service en 1997 sur la ligne 160. En février 2002, on en compte 1 645.

L'Agora-L, version articulée de l'Agora, remplace pour sa part les premiers PR 180 qui arrivent en fin de vie.

Un certain nombre de ces nouveaux bus fonctionnent au gaz naturel de ville. De même, 57 des 179 GX 317 d'Heuliez, un modèle qui complète le parc d'Agora, fonctionnent au gaz de pétrole liquide (GPL), témoignant de la préoccupation de la RATP pour l'environnement.

La production des R 312 étant arrivée à son terme en 1994, Renault met en construction un nouvel autobus à plancher surbaissé, permettant de supprimer l'emmarchement intermédiaire. Cette disposition facilite l'accès au véhicule des personnes âgées et handicapées.

Créteil, novembre 2005. Au centre bus de Créteil, une équipe de machinistes de la RATP avant la prise de service. Par leur attitude, les agents de la Régie contribuent à la modernisation de l'image du bus et à son repositionnement dans le tissu urbain.

Page suivante : Massy, mai 2002. Au relais bus de Massy, des autobus Mercedes Evobus Citaro avant leur première mise en circulation sur les lignes 297 et 299.

La Bus Attitude

Autre préoccupation en rapport avec l'évolution de la société : tenter de retrouver dans le bus quelques marques de civilité indispensables à la vie en société, comme la courtoisie, ou le fait de valider son titre de transport. Retrouver ces valeurs, c'est l'objectif de l'un des projets majeurs du département bus de la RATP, la Bus Attitude. Lancée à l'été 2003, la Bus Attitude est l'aboutissement d'un processus de réflexion et d'expérimentation sur l'évolution de la relation de service.

Les enjeux pour l'entreprise, tant sur le plan économique que de la qualité de service, sont essentiels. La Bus Attitude doit en effet construire progressivement le cadre d'une nouvelle relation de service dans une démarche partenariale qui implique les machinistes, leur encadrement et les voyageurs.

En renouvelant les relations entre agents et voyageurs, elle veut offrir à chacun plus de reconnaissance, de respect et de responsabilité. Gaie, dynamique et conviviale, la communication qui accompagne la Bus Attitude donne le ton de cette relation renouvelée entre le machiniste et le voyageur et construite sur le service et la civilité.

L'arrivée de la télébillettique dans les bus avec l'installation des premiers valideurs Navigo à l'automne 2003 constitue à cet égard une opportunité technique susceptible de faire évoluer le service bus, de rendre possible et acceptable la montée par l'avant et d'amener à la validation systématique à l'entrée.

La Bus Attitude passe aussi par un nouvel aménagement des espaces intérieurs, visant à faciliter l'entrée par la porte avant, la validation et les mouvements des voyageurs.

Le musée des Transports urbains et l'Association pour le musée des Transports urbains (AMTUIR)

Fondée en mars 1957 par un groupe de passionnés de transports et de leur histoire, l'AMTUIR s'est fixée pour objectif de doter la France d'un grand musée des transports urbains. En 1957, alors que la France supprimait la quasi-totalité des réseaux de tramways au lieu de les moderniser, quelques passionnés décidèrent de sauver ces tramways, afin de montrer aux générations futures ce qu'étaient les transports urbains et leur histoire. Ils créèrent l'Association pour le musée des Transports urbains, interurbains et ruraux (AMTUIR) et se cotisèrent pour acheter la motrice n° 1 de Versailles, lors de la suppression du réseau, le 16 mars 1957.

L'AMTUIR tente de préserver par elle-même ce qui peut l'être. Ses moyens sont limités : ils proviennent des cotisations et des dons de ses adhérents.

Achetés au prix de la ferraille ou donnés, les véhicules sont transportés dans les locaux gracieusement mis à la disposition par la RATP à Malakoff, puis à Saint-Mandé. Vient ensuite la phase de restauration. À leur argent versé, les adhérents de l'AMTUIR vont ajouter leur temps, celui de leurs loisirs, qu'ils vont consacrer au nettoyage et aux réparations des outrages du temps. L'importance grandissante de la collection ne permet malheureusement pas de tout remettre à neuf. Plusieurs membres se consacreront particulièrement à l'histoire des transports urbains, accumulant et gérant une importante documentation : ouvrages, photographies et films.

La collection s'enrichit, grandit, et l'AMTUIR ouvre son musée au public en 1964 à Malakoff, puis en 1972-1974, à Saint-Mandé. Les bénévoles de l'association assurent l'exploitation du musée : accueil, surveillance, présentation des collections, animations telles que la réalisation d'expositions temporaires ou l'organisation de parcours en autobus anciens. L'intérêt de la collection, qui compte aujourd'hui plus de 180 véhicules, le sérieux et le professionnalisme de l'AMTUIR sont reconnus par la Direction des musées de France du ministère de la Culture qui, en 1988, confère au musée le statut de musée contrôlé, puis de musée de France en 2003.

Le musée de Saint-Mandé est connu et jouit d'une grande notoriété à l'étranger. L'AMTUIR est membre de l'*International Association of the Transport Museums* (IATM), branche spécialisée du Conseil international des musées de l'Unesco. Après la fermeture du musée de Saint-Mandé, conséquence d'une opération immobilière, la collection est remisée depuis 2001 sur l'ancien

Colombes, journées du Patrimoine 2002. De gauche à droite : métro 1900, bus Brillié-Schneider P 2 de 1906, bus Schneider PB 2 de 1910, bus Schneider H de 1916.

Colombes, juin 2006. L'AMTUIR ne se contente pas d'être le simple dépositaire du patrimoine des transports. Des passionnés bénévoles, membres de l'association, à travers leur travail de restauration et d'entretien, sauvegardent également un savoir-faire unique. Ici, un Schneider H en pleine renaissance.

À droite : Colombes, juin 2006.
Une partie de la collection des autobus.
De gauche à droite : l'arrière
d'un Brillié-Schneider P2,
un Schneider H, un Renault PN,
deux Renault TN, un Renault TN à gaz
de ville, un Panhard K63C…

Colombes, 2006. À gauche, motrice n° 505 de la Compagnie générale parisienne de tramways de 1907. À droite, motrice à deux essieux n° 1728 du réseau de Marseille, mise en service en 1933.

Colombes, 2006. Motrice Thomson double du Chemin de fer métropolitain de Paris, construite en 1903. Elle a été restaurée par la RATP en 1975.

site de la Marine, à Colombes. Les membres de l'AMTUIR continuent à œuvrer bénévolement à l'entretien de la collection avec le concours bienveillant de la RATP, qui assure entre autres les remises en peinture de certains autobus historiques dans ses ateliers centraux. Les adhérents donnent tout leur temps possible à la préparation du futur musée des Transports urbains afin qu'il puisse rouvrir au public.

À la suite de la décision de transfert de la collection à Colombes, la RATP et l'AMTUIR ont signé une charte de coopération en vue de la réalisation du nouveau musée de Colombes. Mais des changements d'orientations de la municipalité de Colombes ont mis en suspens le projet d'aménagement du musée.

Aujourd'hui, après étude de la candidature de plusieurs municipalités, la ville de Chelles (77), qui a élaboré un dossier particulièrement attrayant, a été choisie pour accueillir le musée sur son territoire ; une délibération du Conseil municipal en date du 23 juin 2006 a adopté à l'unanimité le projet.

Bien qu'il ne soit pas encore pas envisageable d'annoncer une date de réouverture, le projet de nouveau musée est sur une bonne voie. Lorsqu'il pourra enfin rouvrir, sur son nouveau site, cet

Colombes, juin 2006.
Un autobus Somua OP 5-2 (à gauche) et un Somua OP 5-3 (à droite). Les deux véhicules, comme beaucoup d'autres de la collection, sont en parfait état de marche et effectuent régulièrement des sorties.

événement couronnera un demi-siècle d'efforts désintéressés. L'objectif de l'association sera atteint, mais sa tâche, et celle de tous les membres, ne sera pas pour autant terminée. L'AMTUIR restera partie prenante dans la vie et l'exploitation du musée.

Le concept du futur musée des Transports urbains

Il n'est pas souhaitable de constituer un musée institutionnel trop important qui ne pourrait être pris en charge par les collectivités publiques. Il est admis un moyen terme en proposant d'une part un musée institutionnel et, d'autre part de reprendre la formule utilisée lors de l'ouverture à Saint-Mandé sur la base bénévole de l'AMTUIR.

Il serait ainsi possible d'ouvrir le musée institutionnel tous les jours et de compléter celui-ci par l'ouverture d'une « réserve visitable et vivante » en fin de semaine. Cette solution offre la possibilité de réduire les coûts d'exploitation.

Un programme scientifique et culturel a été élaboré, dont le but est de donner au musée les atouts d'une gestion dynamique et attractive :

• **musée vivant :** au fil des années une très importante collection de véhicules a été préservée, la RATP de son côté ayant sauvegardé d'anciens véhicules du métro confiés à l'AMTUIR. Mais seuls 50 véhicules environ sur les 180 que compte la collection pourront être exposés. Il ne semble pas opportun d'en prévoir plus dans la partie ouverte au public. L'autre partie de la collection sera remisée en réserve, qui devra néanmoins rester accessible au public. Cette réserve sera reliée par rails avec la salle principale d'exposition, afin de faciliter les déménagements des tramways ;

• **muséographie interactive :** il faut que le public puisse toucher et faire fonctionner. L'exemple du musée des Arts et Métiers devra sûrement être pris en compte. Mais il faudra également rendre actifs certains véhicules ou maquettes, présenter un réseau de transports urbains en modèle réduit, avec commande des circulations par le public, et des films, prévoir des espaces ou ateliers consacrés aux divers thèmes techniques, humains et administratifs liés aux transports urbains...

• **circulation de trams anciens par la création d'une ligne historique :** les véhicules sont conçus pour rouler. La possibilité de faire circuler tramways et bus anciens est fondamentale ; cela permet aux visiteurs de percevoir ce qu'étaient les transports de jadis.

Le musée des Transports urbains et le centenaire des autobus parisiens

À l'occasion de cet anniversaire, des manifestations importantes destinées au grand public sont organisées en octobre 2006. Grâce au travail de l'AMTUIR durant cinquante ans, plusieurs générations d'autobus seront présentées lors d'une parade. Le musée entre totalement dans son rôle : montrer et faire partager à toutes les générations les évolutions de l'histoire des transports urbains au travers des véhicules marquants.

AMTUIR

163 bd Charles-de-Gaulle
92700 COLOMBES
Tel. : 01 42 42 43 96
Fax : 01 48 52 16 81
Permanence téléphonique : du lundi au vendredi de 13 h à 19 h ; le samedi de 11 h à 18 h
Mel : amtuir@amtuir.org
Site web : www.amtuir.org

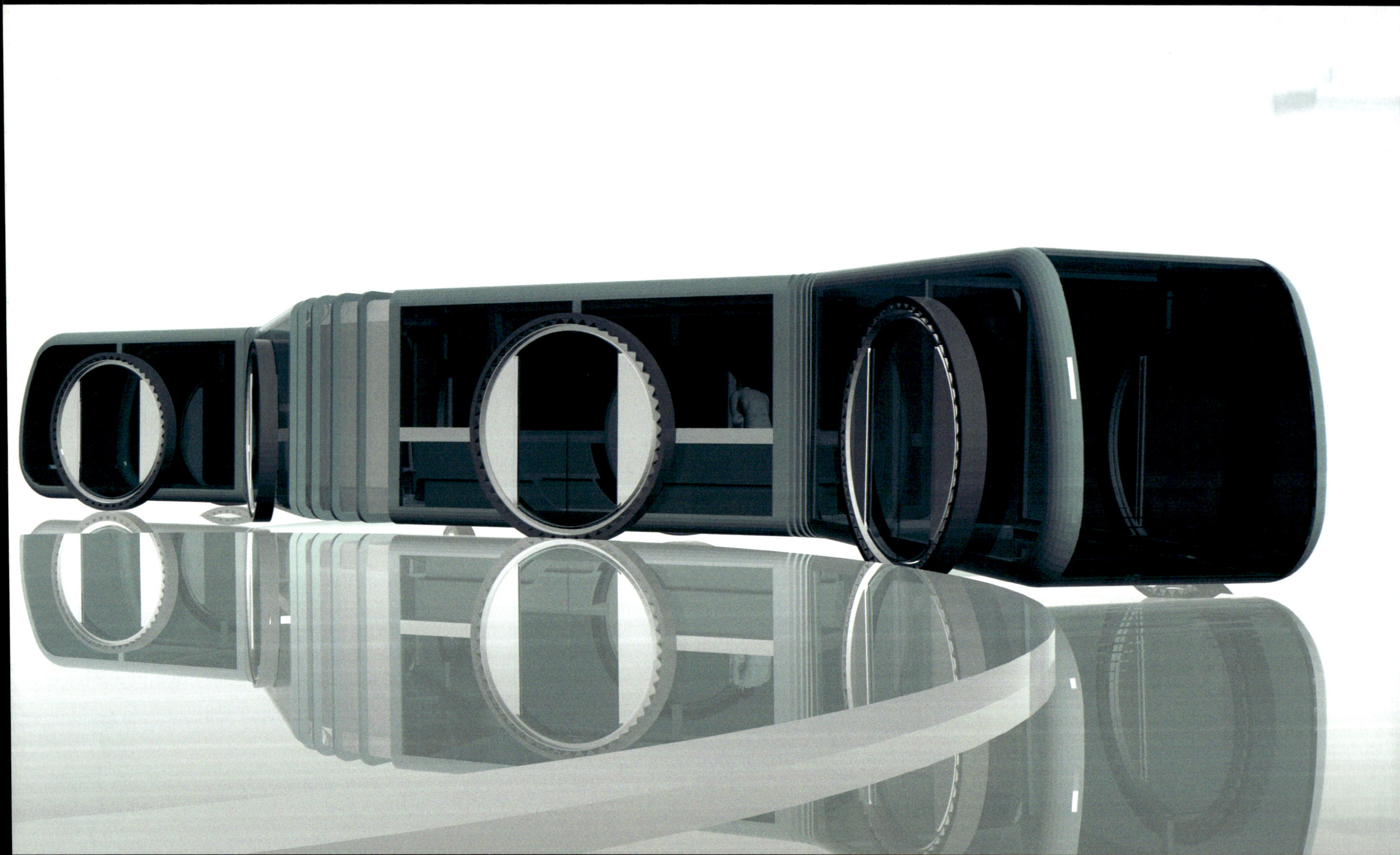

CHAPITRE VII

2006-2099

Le bus du futur

QUI, EN 1906, AURAIT PU IMAGINER LES CONTOURS DU CITELIS, DU CITARO, DU NOUVEAU SCANIA OU DU MINIBUS GRUAU À PROPULSION HYBRIDE ? TOUTES LES INNOVATIONS CONTENUES DANS CES BUS MODERNES NOUS PARAISSENT AUJOURD'HUI COMME ALLANT DE SOI. POURTANT, CHAQUE AVANCÉE TECHNOLOGIQUE EST LE FRUIT D'ÉTUDES D'IMPACT APPROFONDIES POUR QUE LE PROGRÈS SOIT ACCEPTÉ, MAÎTRISÉ ET PROFITE À TOUS.

À mesure que les usages évoluent, le rôle du bus change. Ce n'est plus seulement l'indispensable liaison domicile-travail, mais un moyen de transport multifonctionnel, utilisé aussi bien pour faire ses courses que pour accéder à un lieu de loisir ou faciliter le transport d'objets (poussettes, vélos, bagages, petits colis…) sur la totalité ou seulement une partie de son trajet. Ainsi, les attentes des utilisateurs en matière de confort, d'information et de régularité sont de plus en plus importantes et surtout plus diversifiées. Par ailleurs, les voyageurs aspirent à ce que leur temps de transport ne soit pas un moment d'isolement ou d'improductivité. Déjà, avec la généralisation du téléphone portable, chacun reste connecté à sa sphère sociale ou professionnelle. L'enjeu du futur est de proposer une valeur ajoutée (touristique ou de détente par exemple) à chaque voyageur. Le bus deviendra alors un lieu de vie et une plate-forme d'information.

SNAKE/WORM BUS
L'autobus serpent/ver de terre, constitué de segments est l'une des pistes de recherche les plus originales pour devenir le moyen de transport urbain de demain.
Aujourd'hui, il se construit en Europe environ 12 000 autobus par an.
Le marché annuel des 50 plus grands réseaux du continent est de 4 500 autobus.

RATP-MIT©

L'aspect extérieur du véhicule doit également refléter les évolutions de la ville et de sa population. Très visible au cœur du trafic, l'autobus véhicule, au sens propre, l'image et les valeurs de toute une ville. Le bus de demain devra prendre en compte ces considérations dans son design pour s'intégrer au mieux dans l'environnement du XXIe siècle.

Enfin, technologiquement, le bus doit se faire l'écho des préoccupations de la population : environnement et développement durable, accessibilité pour les personnes âgées ou handicapées... Les efforts déjà entrepris dans ce sens ne pourront être qu'intensifiés.

Tous ces aspects étoffent considérablement le cahier des charges des concepteurs des bus de demain, et c'est pourquoi des réflexions sont dès à présent lancées. En 2005, le concours européen Re?Bus propose à des étudiants en design d'imaginer le bus du futur. Beaucoup d'étudiants envisagent la modularité des véhicules pour satisfaire aux différentes exigences des voyageurs : architecture articulée en forme de serpent, possibilité de modification de l'ambiance intérieure (« pop'art bus ») ou de l'aspect extérieur (« skin »), mise en œuvre des multimodalités (vélo-bus par exemple)...

Des stations au cœur de l'activité urbaine

L'arrêt de bus est susceptible de transformations majeures dans les années à venir. Celui-ci est amené à devenir un point d'ancrage, un point de repère dans le tissu urbain. Une réflexion lancée conjointement sur le bus parisien du futur par la RATP et le Media Lab du MIT (*Massachusetts Institute of Technology*, célèbre centre de recherche américain) a ainsi abouti sur une vision totalement rénovée de l'arrêt de bus, à l'aune des possibilités ouvertes par les nouvelles technologies.

Baptisé « e-guimard », en hommage à l'architecte qui sut, au début du XXe siècle, donner une personnalité aux stations de métro, l'arrêt de bus du futur se définit comme un lieu d'intensité urbaine. Ce sera un point de concentration de services autant ouverts sur la ville que sur le réseau de transport. L'attente des voyageurs y sera la moins « stérile » possible : ils pourront s'y informer (sur leur trajet, sur les ressources du quartier accessibles depuis la station...), s'y connecter (Wifi, téléphone, bornes interactives...), faire des achats (titres de transport, petite restauration...) ou accéder à des services publics (poste, formalités en ligne...). En concentrant en un même point facilement identifiable des services jusqu'alors épars dans la ville, les stations

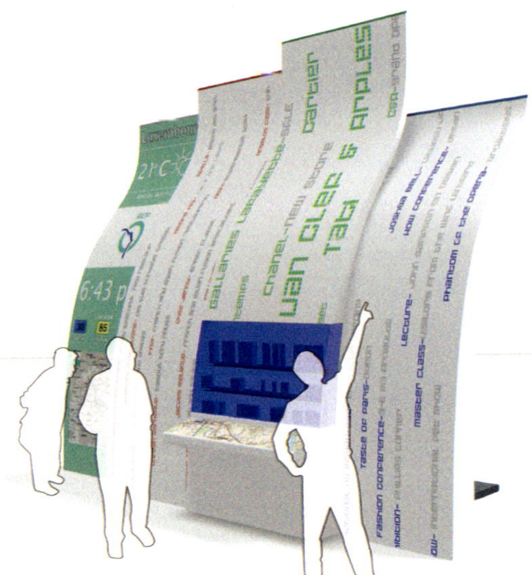

© RATP - MIT

PAGE DE GAUCHE : À MI-CHEMIN entre un véhicule terrestre et un « métro sur la chaussée », le concept du snake/worm bus modulable se décline en ce moment même dans les plus grands bureaux de design de la planète. Ainsi, ce projet mis en forme au *Massachusetts Institute of Technology*, le fameux MIT : constitué de segments emboîtables les uns dans les autres, les portes se situent... à l'intérieur des roues !

UNE PROJECTION d'idées de l'arrêt de bus du futur, borne interactive « e-guimard ». La station d'autobus cesse ainsi d'être un simple abri contre les intempéries et devient un centre de communication et de services, ancré au cœur de la ville.

Irisbus Citelis

Dévoilé le 30 mars 2005, le Citelis succède à l'Agora dans le catalogue Irisbus. Comme son prédécesseur, cet autobus est disponible dans différentes versions. La nouveauté est la possibilité d'intégration du Citelis dans un système de transport en site réservé, grâce à l'utilisation du guidage optique Siemens (développé initialement pour le Civis). Le surcoût est d'environ 10 % par rapport à une ligne de bus non guidée. Dans la conception du véhicule, un des objectifs a été la réduction des coûts d'exploitation, de maintenance et de réparation. C'est pourquoi le véhicule possède une face avant en 5 parties et des panneaux et bas de caisse latéraux modulaires.

- Mise en circulation : septembre 2006
- Carburant : diesel ou GPL
- Moteur : Iveco Cursor 8 (Euro 5) à 6 cylindres en ligne vertical transversal
- Puissance : 245 à 290 CV
- Vitesse maximale : 75 km/h
- Longueur : 11,99 m
- Largeur : 2,5 m
- Hauteur : 2,93 m
- Places assises : 29 à 45 (version 2 portes) ou 24 à 40 (version 3 portes)
- Places debout : 81 à 45 (version 2 portes) ou 24 à 40 (version 3 portes)
- Poids à vide : 10,385 t
- Poids en charge : 12,6 t

Gruau

Ce microbus hybride conçu par le groupe Gruau bénéficie de deux sources d'énergie : diesel et électrique. Le moteur électrique de traction, placé devant le train avant, est alimenté par un Pack Energie (moteur diesel couplé à une génératrice) et des batteries d'énergie Ni-cd. Le moteur diesel est alimenté par un réservoir placé dans la partie inférieure du véhicule. Les atouts de cette formule, toujours à l'essai, sont à la fois la diminution de la consommation, de l'émission de CO_2 et de polluants ainsi que des nuisances sonores. Un sélecteur au poste de conduite permet au conducteur de choisir le mode de fonctionnement à sa guise.

- Mise en circulation : 2004
- Nombre de bus mis en service : 20 (en mode diesel)
- Carburant : diesel/électricité
- Moteur : hybride diesel thermique/électrique
- Vitesse maximale : 65 km/h
- Longueur : 5,38 m
- Largeur : 1,99 m
- Hauteur : 2,95 m
- Places assises : 9
- Places debout : 13
- Poids à vide : 2,33 t
- Poids en charge : 3,9 t

2004/2005.
Maquette des arrêts du tramway des Maréchaux Sud (station Porte d'Arcueil).
Les innovations appliquées aux stations de tramway profiteront également aux futurs arrêts d'autobus.

2006. Projet de « bus-cargo » modulable.

Page de droite : 2006.
Différents aperçus du projet snake/worm bus (autobus serpent/ver de terre).

de bus gagneront un nouveau statut et faciliteront la vie de tous.

L'architecture des arrêts (ou des stations, suivant leur importance) devra non seulement refléter cette nouvelle richesse fonctionnelle mais aussi en inciter l'usage. Ce n'est en effet que lorsque la population se sera approprié ces nouveaux lieux qu'ils seront intégrés à la ville. Ils seront tout à la fois visibles et invisibles, immédiatement repérables et pourtant jamais choquants. Les prototypes en cours d'essai font la part belle aux écrans et aux dispositifs d'affichage intelligents, dans une perspective d'information en temps réel (conditions climatiques, circulation, événements exceptionnels...).

Au Brésil, la ville de Curitiba dispose de l'un des réseaux les plus sophistiqués et efficaces du monde qui préfigure les stations de bus du futur. Les stations de tramway donnent également une idée des évolutions qui se préparent pour les arrêts de bus.

De nouveaux métiers

La conduite des véhicules ne sera jamais entièrement automatisée et les machinistes seront toujours les garants de la bonne marche des autobus et de la vie à bord. La transformation des arrêts de bus en stations multi-services pourraient être autant de gisements d'emplois pour l'accueil du public afin de faciliter l'accès à la ville, au réseau et à ses services, tout en établissant un lien social indispensable. Cela permettrait d'apporter une humanité à un système hautement technologique, de lui offrir un visage, mais aussi de positionner la société de transport comme un point d'entrée majeur pour accéder aux ressources de la ville. Présents physiquement dans les stations les plus importantes, ces agents pourraient n'être disponibles que virtuellement, via des dispositifs de téléphonie ou de visiophonie sur les points secondaires.

Des expérimentations sont d'ailleurs déjà menées dans ce sens. Des agents équipés de petits terminaux informatiques (de type assistants personnels) peuvent répondre à toutes les demandes de renseignements des voyageurs. Ce type de dispositif rencontre un accueil très favorable, autant de la part des agents utilisateurs que de celle du public.

Un système d'information omniprésent

Quasiment toutes les évolutions envisagées pour le système bus reposent sur l'usage généralisé des nouvelles technologies de l'information. Ce sont elles, en effet, qui permettront d'interconnecter toutes les composantes du réseau : véhicules, voirie, stations, centres de contrôle, agents de ligne et voyageurs.

L'enjeu est de fournir à chacun une information pertinente, fiable et en temps réel. Le système doit donc s'appuyer sur des capacités intégrées de collecte (capteurs sur ou dans les véhicules, sur la voirie, repérage satellite…), de traitement (optimisation du trafic, personnalisation, comparaison avec un historique), de transfert (via l'internet sans fil) et de présentation de l'information (écrans, bornes, voyants d'alerte…). Le système doit en outre être particulièrement puissant et fiable pour être en mesure d'assimiler la masse colossale de données récoltées en permanence et de résister à toute défaillance d'un équipement.

Dès lors, on peut imaginer de lire sur l'écran d'une station non seulement le temps d'attente du prochain bus, mais aussi par exemple la place disponible. Les responsables de la régulation du trafic pourront savoir combien de personnes attendent à chaque arrêt. Il sera également possible, via un assistant personnel, de recalculer en permanence la durée prévue d'un itinéraire en fonction de l'état du trafic…

Ainsi se réalisera la promesse du système de transport intégré, dans lequel chaque composante – véhicule, station, agents – pourra optimiser son fonctionnement en accord avec les autres. Pour le voyageur, ce sera l'assurance d'un service efficace et homogène sur l'ensemble de son parcours.

La RATP a entrepris ses premiers pas dans cette direction avec les systèmes SIEL et AIGLE, basés sur un repérage des bus par GPS, et qui permettent d'informer les voyageurs sur le temps d'attente. Le système Dilidam propose quant à lui des informations à l'intérieur du bus, via un écran plasma. On peut y obtenir en particulier des précisions horaires sur les bus en correspondance. Fondé à la fois sur la collecte d'informations en temps réel et leur restitution contextualisée, ce service préfigure les systèmes d'information du futur.

Achevé d'imprimer en UE par MCC en août 2006
Dépôt légal : septembre 2006